VORWORT

Dieser Atlas wurde als Hilfsmittel für das Studium der Bibel verfasst. Der Inhalt der Bibel ist so eng mit dem Land und den Städten, wo sich die niedergeschriebenen Geschehnisse zutrugen, verbunden, dass es eine große Hilfe ist, etwas über diese Länder und ihre Städte zu lernen.

Außerdem umfasst die Bibel eine Zeitspanne von ungefähr 1400 Jahren und die aufgezeichneten Geschichten reichen bis zu den Anfängen der Menschheit im Nahen Osten zurück. Um sie richtig zu verstehen, ist es notwendig, über die historische und geografische Lage informiert zu sein. Die Karten sind in chronologischer Folge angeordnet und die Bemerkungen zu den Karten sollen die Geschichten der Bibel mit ihrem historischen Hintergrund verbinden.

Ein weiteres sehr nützliches Hilfsmittel ist die Zeittafel auf Seite 30.

F. F. Bruce

Hammurabi

Das zweite Jahrtausend v. Chr. war im Nahen Osten ein Zeitalter der Eroberungen. Im Tal von Euphrat und Tigris erlebten die assyrischen und babylonischen Reiche abwechselnd Expansionsperioden und Perioden der Schwäche. Am mittleren Euphrat dehnte das Königreich der Mari (18. Jahrhundert v. Chr.) seinen Einflussbereich nach Syrien aus. Später blühte das Königreich der Mitanni im oberen Euphrat-Tal auf: Sein Herrscher war wichtig genug, um mit dem König Ägyptens gleichberechtigt zu korrespondieren. Die beiden vorherrschenden Reiche fast während des ganzen Jahrtausends waren jedoch der Ägypter und der Hetiter.

In Ägypten gab es zwei Phasen der Stärke—das Mittlere Königreich (XII. Dynastie) zwischen ca. 1991 und 1787 v. Chr. und das Neue Königreich (XVIII. und XIX. Dynastie) zwischen ca. 1560 und 1200 v. Chr. Zwischen diesen beiden Phasen wurde Ägypten von den Semiten aus Asien, die als Hyksos bekannt waren, überfallen und erobert.

Das Königreich der Hetiter, das in Kleinasien kurz nach 2000 v. Chr. gegründet worden war, übernahm die Vorherrschaft und dehnte sein Herrschaftsgebiet nach Syrien aus. Es erreichte seinen Höhepunkt unter Suppiluliuma (ca. 1380–1350 v. Chr.).

Als die ägyptischen Herrscher der XVIII. Dynastie ihren Machtbereich nach Norden

DER ILLUSTRIERTE BIBELATLAS

MIT HISTORISCHEN ANMERKUNGEN VON

F. F. BRUCE

hänssler

INHALT

Published 1994 by Carta, Jerusalem
Originaltitel: The Illustrated Bible Atlas with historical notes by F. F. Bruce
Übersetzt von CARTA, Jerusalem

Bestell-Nr. 393.231
ISBN: 3-7751-3231-7

Titelfoto: Medeba Karte
Umschlaggestaltung: Daniel Kocherscheidt

Satz: CARTA, Jerusalem
Druck und Bindung: CANALE, Turin

Printed in Italy

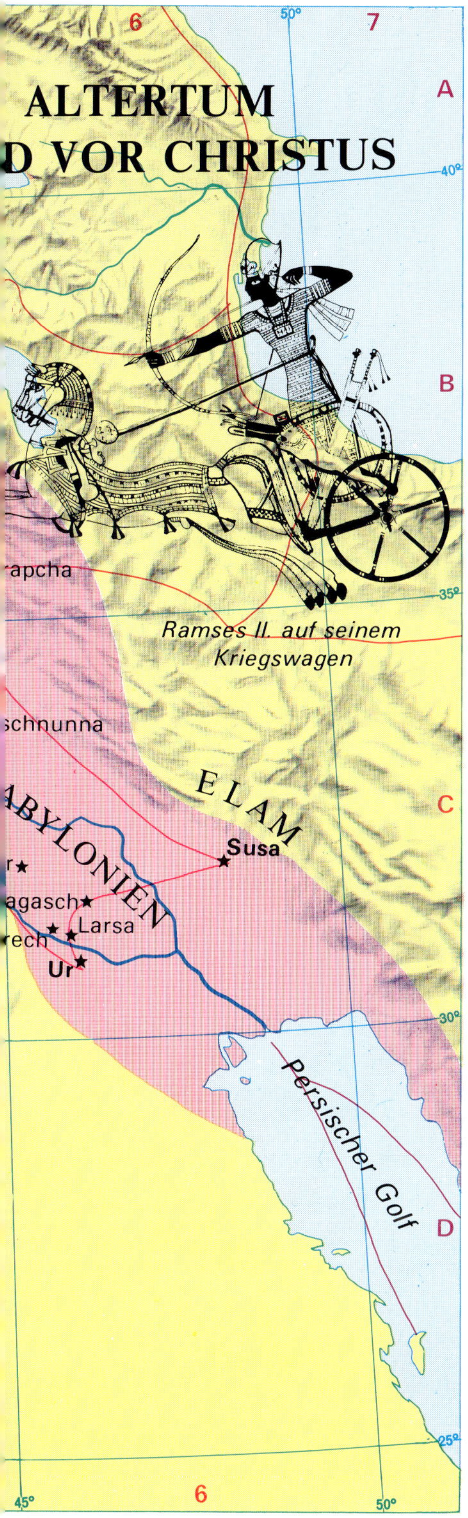

Ägyptisches Kriegsschiff, 1200 v. Chr.

Thutmosis III.

ausdehnten, trafen sie auf die Hetiter. Ihr Verhältnis zueinander war teils freundschaftlich und teils feindschaftlich. 1286 v. Chr. kämpften die beiden Reiche in einer Schlacht bei Kedesch am Orontes in Syrien. Dieser Schlacht folgte ein Vertrag, der den Orontes als Grenze zwischen den beiden Interessengebieten festlegte. Der Vertrag wurde durch die Verheiratung einer Hetiter-Prinzessin mit dem ägyptischen König Ramses II. (XIX. Dynastie) untermauert.

Ungefähr 1200 v. Chr. brach das Königreich der Hetiter zusammen und Ägypten begann an Macht zu verlieren. Die Züge der hebräischen Patriarchen, die in der Genesis und im Exodus aufgezeichnet sind, müssen in diesem Zusammenhang genannt werden. Abraham verließ Ur im südlichen Mesopotamien und ließ sich für eine Weile in Haran östlich des oberen Euphrat nieder. Danach zog er nach Kanaan, wo er als Nomade lebte. Während einer Hungersnot machte er einen kurzen Besuch in Ägypten. Seine Nachkommen hielten ihre Beziehungen mit Haran zwei Generationen lang aufrecht. Viele von ihnen zogen während einer langen Hungersnot von Kanaan nach Ägypten und ließen sich dort für vier Generationen nieder. Ihr Auszug aus Ägypten unter Mose und ihre Ansiedelung in Kanaan unter Josua (ca. 1200 v. Chr.) gelten als der Anfang der Geschichte des Reichs Israel.

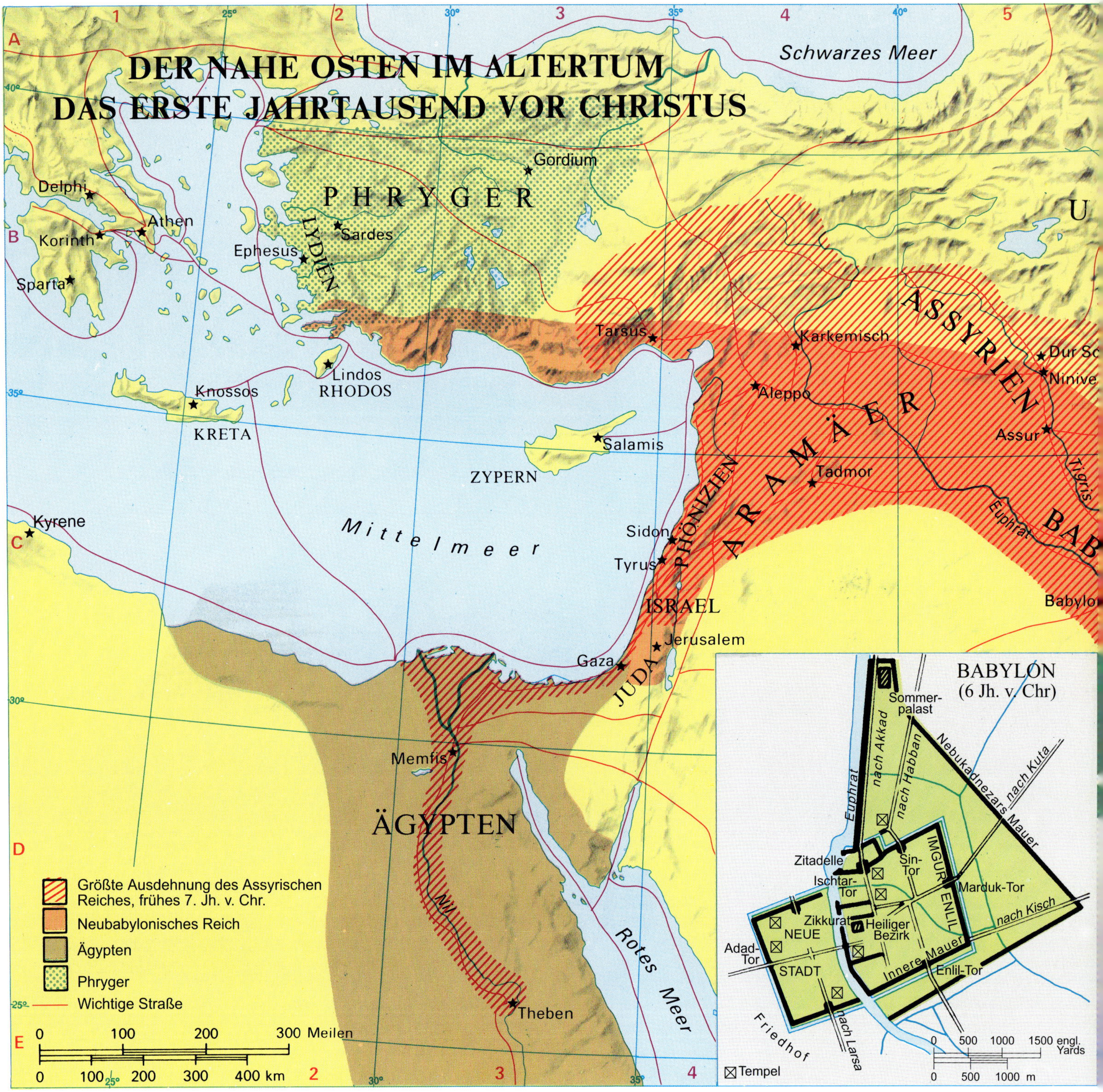

Im ersten Jahrtausend v. Chr. verlor Ägypten an Macht. Gelegentlich versuchte ein mächtiger ägyptischer Herrscher sich in Kanaan wieder zu behaupten. Schischak zum Beispiel (aus der XXII. Dynastie) überfiel die Königreiche von Juda und Israel ca. 925 v. Chr.: ein Bericht seines Überfalls ist in 1. Könige 14,25–28 aufgezeichnet und eine weitere Überlieferung, Schischaks eigene, befindet sich auf dem Wandrelief des Tempels von Amon bei Karnak (Theben). Er war aber nicht in der Lage, die Herrschaft über das Gebiet, das er überfallen hatte, zu behalten.

Zwischen 1000 und 612 v. Chr. hatte Assyrien die Vorherrschaft im Nahen Osten inne. 852 v. Chr. versuchten die Staaten der Levante (einschließlich Israel) gemeinsam, die Ausbreitung der Assyrer in westliche Richtung aufzuhalten. Sie kämpften mit den Assyrern bei Karkar am Orontes und es dauerte zwölf Jahre, bis die Assyrer zurückkehrten. Doch als sie dann zurückkamen, konnten sie nicht aufgehalten werden. Ein westliches Königreich nach dem anderen wurde von ihnen unterworfen: Damaskus im Jahre 732 v. Chr., Israel (Samarien) im Jahre 721 v. Chr., während Juda als schwacher Vasallenstaat überlebte. Auf der Höhe seiner Macht dehnte sich das Assyrische Reich über Elam (östlich des Persischen Golfs), Armenien, das südöstliche Kleinasien, Syrien und Palästina und für kurze Zeit über Ägypten selbst aus. Theben, die Hauptstadt Oberägyptens, wurde 663 v. Chr. eingenommen.

Assyrischer Streitwagen

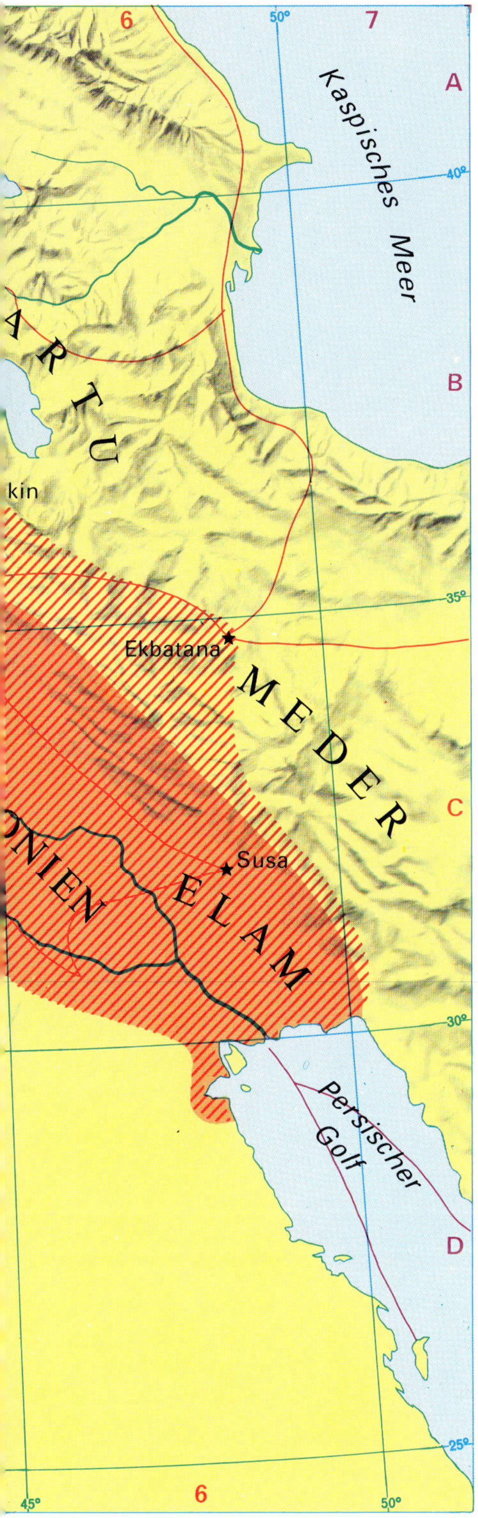

Phönizisches Handelsschiff, 7. Jahrhundert v. Chr.

Ein Meder führt Pferde

Assyrien wurde schließlich von den Medern aus dem Osten und den Babyloniern aus dem Süden besiegt; sie teilten das frühere assyrische Gebiet unter sich auf. Ninive fiel 612 v. Chr. Die Ägypter versuchten aus der neuen Lage einige Vorteile für sich selbst zu ziehen und wurden 605 v. Chr. bei Karkemisch am Euphrat von den Babyloniern, die ihre Herrschaft bis zu den Grenzen Ägyptens festigten, besiegt.

Das Königreich der Meder hielt sich nach dem Fall Ninives noch 63 Jahre lang; dann wurde es von Kyrus, dem Herrscher eines kleinen Königreichs am Persischen Golf und Begründer des Persischen Reiches, besiegt. Innerhalb weniger Jahre dehnte Kyrus, der seine Herrschaft über das Doppelkönigreich der Meder und Perser gesichert hatte, sein Reich westlich bis zum Ägäischen Meer aus. Im Jahre 539 v. Chr. eroberte er Babylon. Sein Edikt, das die Rückkehr der von den Babyloniern aus ihrer Heimat vertriebenen Juden erlaubte, wird in der Bibel erwähnt. Sein Sohn Kambyses eroberte Ägypten im Jahre 525 v. Chr. Das Persische Königreich existierte 200 Jahre lang und dehnte sich von Indien bis nach Kusch (Äthiopien) (Esther 1,1) aus. Es wurde schließlich von Alexander dem Großen (331 v. Chr.) besiegt.

Ramses II.

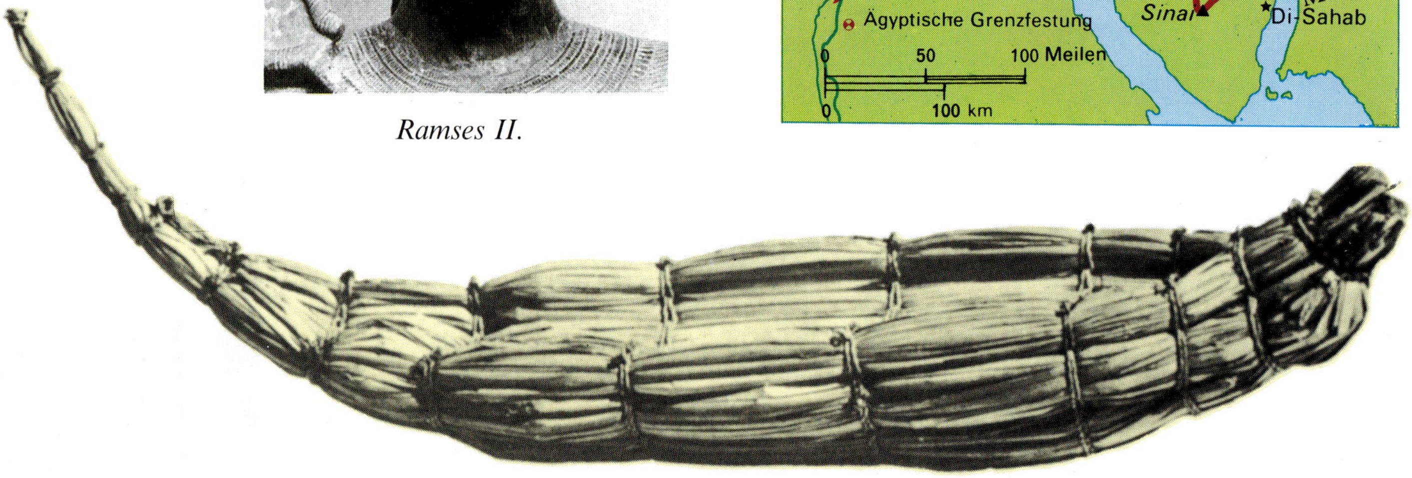

Ägyptisches Boot aus Schilfrohr

Der größte Teil der Israeliten, der Ägypten unter der Führung von Mose verließ, zog östlich durch die Wüste Zin und danach nordwärts durch Transjordanien. Es ist nicht sicher, dass diejenigen, die nordwärts von Kadesch-Barnea in die Wüste Negeb zogen, umkehrten, wie aus der Karte entnommen werden kann. Nach der Niederlage des Königs von Arad bei Horma (4. Mose 21,1–3) vereinigten sich einige Mitglieder des Stammes Juda und ihre ortsansässigen Verbündeten und zogen weiter in Richtung Hebron.

Dann verließen sie Transjordanien westwärts und überquerten den Jordan gegenüber von Jericho. Nach der Eroberung der Zitadelle drangen sie in das zentrale Bergland vor. Einige zogen nordwärts in das Jesreel-Tal, andere zogen südwärts und besiegten dabei die verbündeten kanaanitischen Könige im Kampf bei Bet-Horon. Ein kleiner Teil dieser Gruppe, die nach Transjordanien eindrang, zog nordwärts anstatt den Jordan zu überqueren und besetzte die Gebiete der Amoriter südlich und nördlich des Jabboks.

Die Siedlungsgebiete schlossen nicht die Ebenen mit ein, die weiterhin von den kanaanitischen Stadtstaaten mit ihren Streitwagen beherrscht wurden. Die Macht der Kanaaniter im Jesreel-Tal wurde durch einen Sieg der Israeliten am Kischon im Jahre 1125 v. Chr. geschwächt. Jedoch wurden die Israeliten ständig von Beduinen aus dem Osten und noch ernster von den Philistern von der westlichen Küste bedroht. Die Philister, Flüchtlinge aus dem ägäischen Gebiet, dehnten ihre Macht allmählich über den größten Teil des Landes westlich des Jordans aus.

Während dieser Zeit waren die Stämme Israels größtenteils zu uneinig, um effektive Schritte gegen ihre Feinde zu unternehmen. Ihr zentrales Heiligtum in Silo, im Gebiet des Stammes Ephraim, barg die Bundeslade, das Symbol ihrer religiösen Einheit. Aber dessen verbindende Rolle war begrenzt. Die Richter, die dem Buch der Richter, das die zwei Jahrhunderte zwischen den frühen Niederlassungen der Israeliten und dem Aufstieg des Königreichs beschreibt, seinen Namen gaben, übten ihre Herrschaft meist nur über begrenzte Gebiete aus.

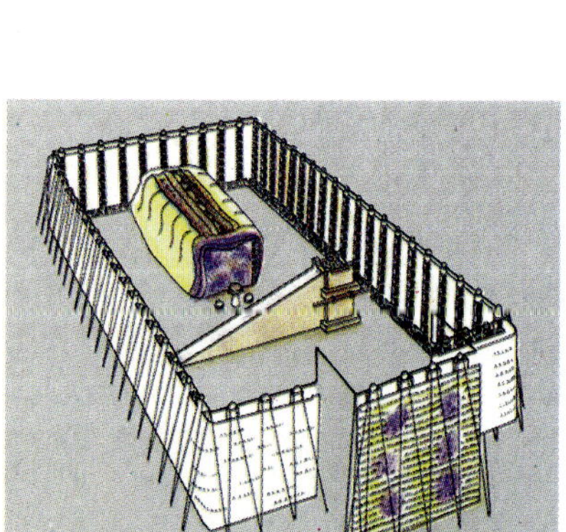

Modell der Stiftshütte

DIE EROBERUNG KANAANS DURCH DAS VOLK ISRAEL

Philister

Festung "Kanaan"
Ägyptischer Name für Gaza

DIE MAUERN VON JERICHO
(7. bis spätes 2. Jahrtausend v. Chr.)

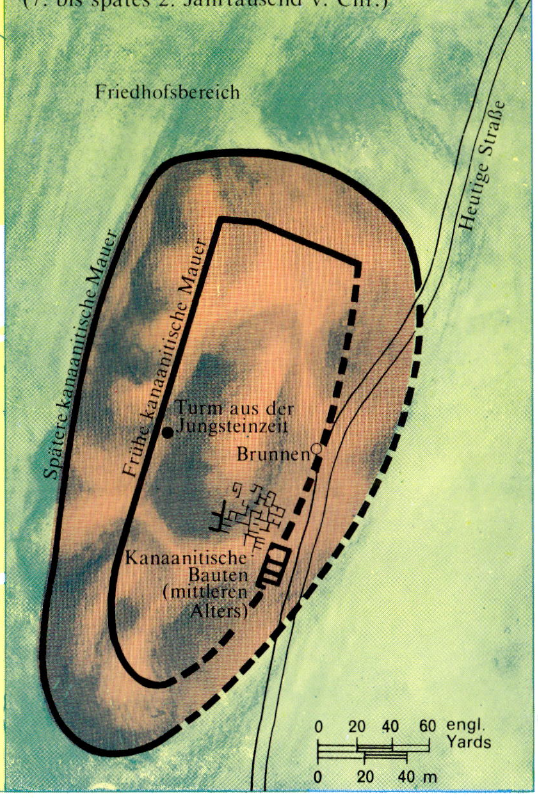

Die Bedrohung durch die Philister bewog die Israeliten, einen König zu wählen. Ihre Wahl fiel auf Saul aus dem Stamme Benjamin, den sie für vertrauenswürdig hielten. Saul jedoch wurde im Kampf auf dem Berg Gilboa (ca. 1010 v. Chr.) getötet. Das geschah während des Versuchs, die Verbindung zwischen den zentralen Stämmen und den Stämmen im Norden, die durch die Besetzung des Jesreel-Tals durch die Philister von ihren israelitischen Kameraden abgeschnitten waren, wiederherzustellen. Die Philister herrschten jetzt über das Kanaan westlich des Jordans.

Die nationale Einheit Israels wurde dank David, einem Judäer aus Bethlehem, gewahrt. David war mit seinen "Guerilla-Streitkräften" für einige Zeit in den Diensten eines philistinischen Herrschers. Er wurde mit Erlaubnis der Philister zum König Judas ausgerufen. Als zwei Jahre später Sauls letzter überlebender Sohn ermordet wurde, luden alle Stämme Israels David ein, ihr König zu werden. Anfangs erhoben die Philister keine Einwände, da sie annahmen, dass er immer noch ihr Vasall sei. Als David jedoch durch die plötzliche Einnahme Jerusalems, das bis dahin eine kanaanitische Stadt geblieben war, an Macht gewann, erkannten die Philister, dass er ihre Oberhoheit gefährden würde, wenn er nicht sofort vernichtet würde. Nachdem David die Philister in zwei Kämpfen besiegt hatte, konnte er sie unterwerfen. Danach erweiterte er seine Macht durch Eroberungen und Bündnisse, bis sich sein Einflussgebiet über ganz Transjordanien und bis zum Euphrat ausdehnte.

Er vermachte sein bescheidenes Königreich seinem Sohn Salomo (ca. 970–930 v. Chr.), der mit seinem Wunsch, im Stil eines großen Königs in seiner Hauptstadt Jerusalem zu leben, seinem Volk eine äußerst schwere Bürde auflastete. Als er starb, hatten die meisten von Israels Vasallen ihre Unabhängigkeit wiedergewonnen. Und kurz nach seinem Tod zerfiel sein eigenes Königreich in zwei Teile – das Königreich Israel im Norden und das Königreich Juda im Süden mit Jerusalem als Hauptstadt.

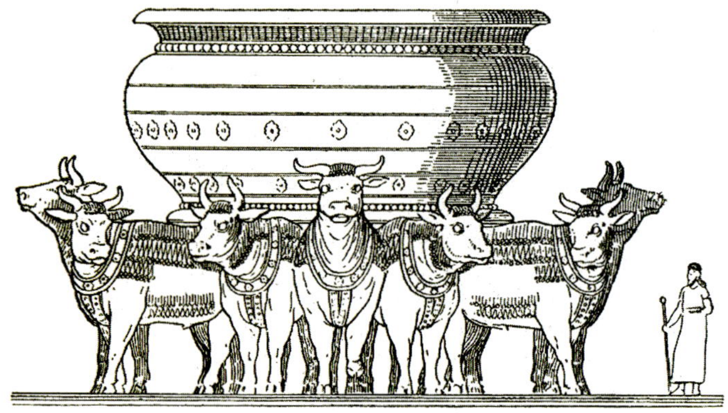

Kupfernes Meer

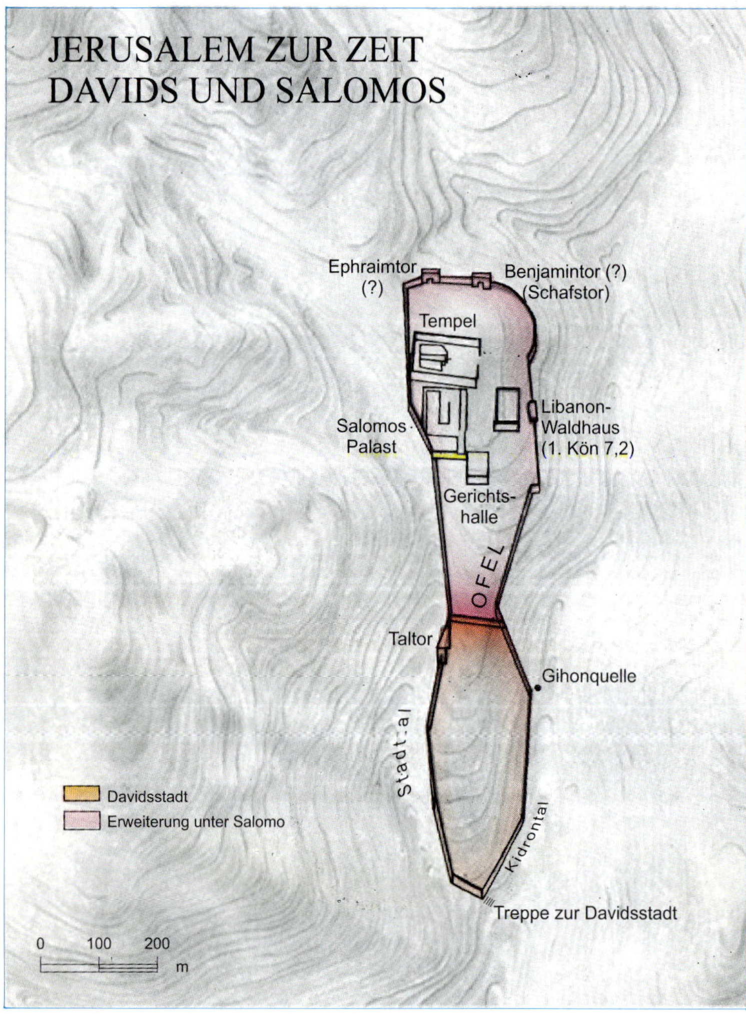

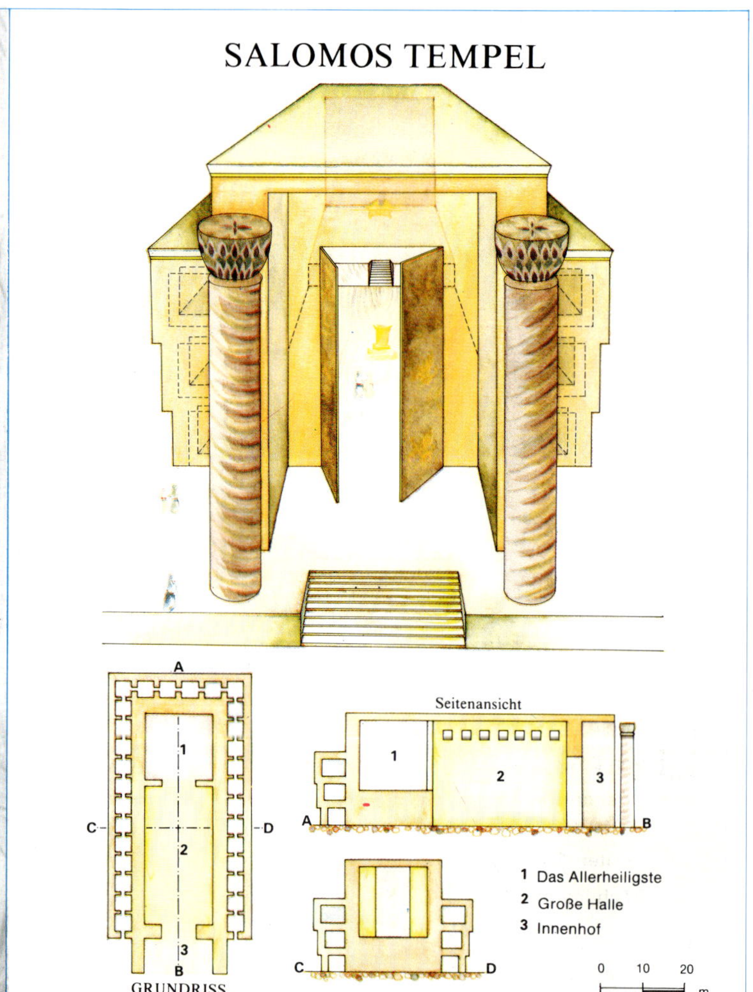

DAS KÖNIGREICH DAVIDS UND SALOMOS

König Ahiram von Byblus

Bronzener Wagen aus Salomos Tempel

MEGIDDO — EINE BEFESTIGTE STADT
(10.-9. Jh. v. Chr.)

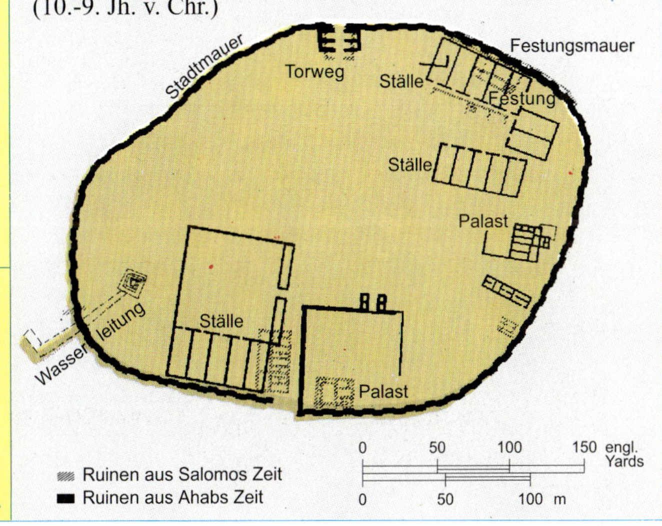

Die assyrische Armee greift eine Stadt an. Der Palast von Tiglat-Pileser III. Calah

Die Teilung des Reiches bedeutete einen erheblichen Machtrückgang. Fast sofort nach der Teilung wurden die beiden entstandenen Königreiche durch den Einmarsch der Ägypter unter Schischak weiter geschwächt. Zusätzlich führten die beiden Königreiche über einen Zeitraum von einem halben Jahrhundert Krieg miteinander. Die Dynastie Davids im Süden war nicht bereit, die Hoffnung, das nördliche Königreich wieder unter ihre Herrschaft zu bekommen, aufzugeben.

Im Norden ergriff eine emporkommende Dynastie nach der anderen die Macht. Die stärkste der nördlichen Dynastien wurde von Omri gegründet, der eine neue Hauptstadt als strategischen Stützpunkt in Samarien baute (ca. 880 v. Chr.). Unter Omri und seinen Nachfolgern lebten Israel und Juda in Frieden miteinander. Juda gewann die Herrschaft über Edom mit Zugang zum Golf von Akaba wieder und Israel zwang die Moabiter Transjordaniens in die Knechtschaft. Israels größter Feind in dieser Zeit war das aramäische Königreich von Damaskus, doch ein oder zwei Jahre lang verbündete sich sogar der König von Damaskus mit Israel (unter Omris Sohn Ahab), um der Invasion Salmanassars III. von Assyrien standzuhalten; beide brachten große Kontingente in die gemeinsame Armee ein, die seinen Vormarsch im Jahre 853 v. Chr. aufhielten.

Mit dem Fall der Dynastie Omris wurde Israel gegenüber den Aramäern geschwächt; einmal sah es sogar aus, als würden diese Israel auslöschen. Der Schaden jedoch, den Damaskus durch einen assyrischen Überfall erlitt, verhinderte das. Die nächsten vierzig oder fünfzig Jahre erfreuten sich Israel und Juda einer erneuten Blütezeit unter Jerobeam II. im Norden und Usia im Süden.

Diese Blütezeit wurde durch neue Angriffe der Assyrer beendet, die von 745 v. Chr. an ihr Reich über Südwest-Asien ausweiteten. Die Königreiche von Damaskus und Samarien wurden abgeschafft und durch assyrische Provinzen ersetzt. Dem Königreich von Juda gelang es nur mit knapper Not, dem gleichen Schicksal zu entgehen. Die Schwächung der assyrischen Macht von 625 v. Chr. an erlaubte es Josia, dem König von Juda, seine Unabhängigkeit zu behaupten und eine religiöse Reform durchzuführen. Seine Unabhängigkeit jedoch war nur von kurzer Dauer. Wenn Juda damit zufrieden gewesen wäre, Babylon tributpflichtig zu sein, hätte es vielleicht überleben können. Juda entschied sich jedoch auf Betreiben der Ägypter, gegen Babylon zu revoltieren. Als Vergeltungsmaßnahme zerstörten die Babylonier Jerusalem und seinen Tempel und deportierten eine große Anzahl der judäischen Bevölkerung in den Osten (587 v. Chr.).

"Die Mescha-Stele"

DIE KÖNIGREICHE VON JUDA UND ISRAEL

Das Siegel von "Schema, dem Diener Jerobeams"

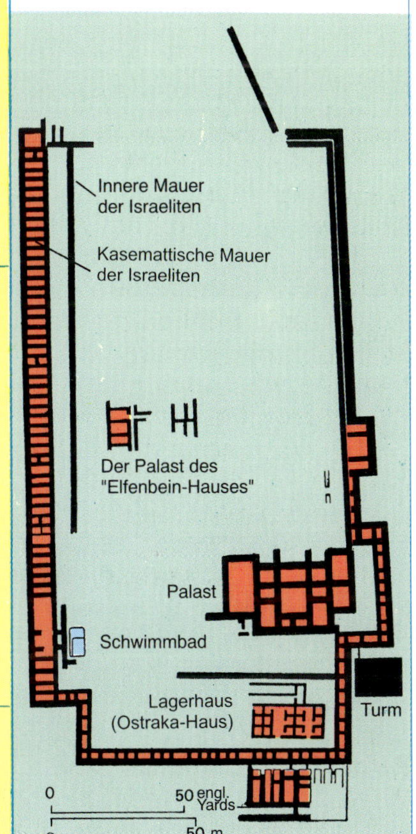

Der Palast in Samaria

Alexander der Große in der Schlacht

Griechisches Handelsschiff, 6. Jahrhundert v. Chr.

Soweit die historischen Quellen zurückgehen, lebten die Griechen in Stadtstaaten auf dem griechischen Festland und den Inseln. Drei Einwanderungswellen nach Griechenland sind belegt: (1) die der Ionier, (2) der Achäer (mit den Äoliern) und (3) der Dorier. Durch den Druck späterer Einwanderer überquerten die früheren Siedler das Ägäische Meer und siedelten an der Westküste Kleinasiens. Unter diesen Siedlern waren die Ionier die bekanntesten: unter ihrem Namen wurden die Griechen im westlichen Asien bekannt. Der alttestamentarische Name Javan (Hebräisch—*yawan*) ist mit Ion identisch. Griechische Kolonisten segelten weiter von dem ägäischen Gebiet weg bis zu den Küsten des Schwarzen Meeres, Siziliens, Süditaliens (das Magna Graecia, "Großes Griechenland", genannt wurde) und des südöstlichen Frankreichs (einschließlich Marseilles und dem unteren Rhonetal).

Die griechischen Stadtstaaten kämpften gemeinsam gegen die persische Invasion unter Darius I. (490 v. Chr.) und seinem Sohn Xerxes (480 v. Chr.), doch im Allgemeinen blieben sie gespalten und führten oft Krieg gegeneinander, bis sie einer nach dem anderen von Philipp II. von Mazedonien (356–336 v. Chr.) erobert und in sein griechisch-mazedonisches Reich eingegliedert wurden. Philipps Sohn, Alexander der Große (336–323 v. Chr.), unternahm einen Eroberungsfeldzug, der ihn bis zum Nil und im Osten durch Afghanistan in das Indus-Tal brachte. Das Persische Königreich löste sich bei seinem Vormarsch auf. Das Reich, das Alexander vereinigt hatte, überlebte diesen jedoch nicht. Nach seinem Tod teilten es die Diadochen unter sich auf. Von den nachfolgenden Königreichen waren das Königreich von Ptolemäus und seinen Nachfolgern in Ägypten (mit der Hauptstadt Alexandria) und das Königreich von Seleukus und seinen Nachfolgern in Westasien (mit der Hauptstadt Antiochia in Syrien) die beiden am häufigsten in der biblischen Geschichte erwähnten Königreiche. Die Juden lebten jetzt unter der Herrschaft der Griechen anstelle der der Perser. Bis zum Jahre 198 v. Chr. waren sie Ptolemäus untergeben und nach einer Niederlage, die der ptolemäischen Armee von Antiochus III. beigefügt wurde, unterstanden sie 50 Jahre lang Seleukus.

Obwohl die politische Einheit von Alexanders Reich nicht erhalten werden konnte, bestand die kulturelle weiter fort. Die griechische Sprache und Lebensweise wurden in alle von Alexander eroberten Gebiete getragen. Juda war gegen diesen hellenistischen Einfluss nicht immun, aber diejenigen der Juden, die in großer Menge in Alexandria, Antiochia und anderen griechischen Städten lebten, wurden vollständig hellenisiert. Sie beteten weiterhin zu dem Gott Israels, aber ihre Gottesdienste wurden in Griechisch gehalten und zu ihrem Nutzen—in erster Linie zum Nutzen der Juden Alexandrias—wurden ihre Schriften vom Hebräischen ins Griechische übersetzt. Diese Übersetzung ist als Septuaginta bekannt.

Seleukus I.

Antiochus III.

Kaiser Augustus

Palästina ist eine Kurzform des Namens, der dem Land von den Griechen und Römern gegeben wurde: *Syria Palaestina*. Er verewigt den Namen der Philister, der früheren Bevölkerung Palästinas. Palästina war bis 332 v. Chr. den Persern untergeben, danach wurde es in das Reich Alexanders des Großen aufgenommen, der Stadthalter in Samarien und Juda einsetzte. Nach Alexanders Tod (323 v. Chr.) wurde Palästina zum Zankapfel zwischen den Ptolemäern in Ägypten und den Seleukiden in Syrien. Die Ptolemäer hielten es bis zum Jahre 198 v. Chr.; in diesem Jahr besiegte Antiochus III. von Syrien Ptolemäus V. bei Panias (dem modernen Banyas), einer der Quellen des Jordans, und entriss ihm Palästina.

Unter den Ptolemäern und Seleukiden wurde Palästina hauptsächlich durch die Gründung einiger griechischer Städte an der Küste des Mittelmeers und im Jordantal hellenisiert. Die zehn Städte der Dekapolis (siehe Matthäus 4, 25; Markus 5, 20; 7, 31) lagen im Jordantal. Sogar die aramäisch sprechenden Gebiete wurden durch die griechische Sprache und Kultur beeinflusst.

Die Besteuerung wurde durch eine effiziente Bürokratie bewältigt und erwies sich als eine Bürde für die Bevölkerung, besonders als Antiochus III. nach seiner Niederlage gegen die Römer bei Magnesia Geld aufbringen musste, um die drückenden Entschädigungssummen, die die Römer von ihm verlangten, zahlen zu können. Sein Sohn, Antiochus IV. (175–163 v. Chr.), der die Juden der Treulosigkeit gegenüber seiner Dynastie verdächtigte, beraubte sie ihrer ererbten Privilegien und verbot sogar die Ausübung ihrer Religion. Dadurch entfachte er einen Aufstand, der von Judas Makkabäus und seinen Brüdern, Mitgliedern der Priesterfamilie der Hasmonäer, angeführt wurde. Judas war ein talentierter Guerillaführer und konnte eine Reihe von Siegen für sich verbuchen, die Ende 164 v. Chr. zur religiösen Freiheit und der Wiedereinweihung des Tempels in Jerusalem führten. Zweiundzwanzig Jahre später konnte auch die politische Freiheit wiedererlangt werden. Neunundzwanzig Jahre lang wurde der unabhängige jüdische Staat von der Dynastie der Hasmonäer beherrscht.

Als der römische Feldherr Pompeius, der das westliche Asien nach der Unterwerfung des Mithridates, des Königs von Pontos, neu organisierte, in Syrien ankam, wurde er gebeten, eine Fehde zwischen zwei Prinzen der hasmonäischen Familie zu schlichten. Seine Schlichtung bedeutete das Ende der jüdischen Unabhängigkeit. Er besetzte die Stadt und den Tempel Jerusalems im Jahre 63 v. Chr.

Unter den Römern verstärkten ein idumäischer Staatsmann, Antipatros, und sein Sohn Herodes ihre Macht in Judäa. Sie machten sich selbst so unersetzbar für die Römer, dass schließlich der römische Senat Herodes den Titel "König der Juden" verlieh. Er herrschte mit Gewalt, aber er bewahrte den Frieden und das Vertrauen seiner römischen Herren. Außerdem war er ein großer Bauherr. Er gründete Sebaste auf den Überresten des antiken Samarias und baute eine große Hafenstadt bei Cäsarea am Mittelmeer. Seine bekannteste Bauleistung war die Restaurierung und Vergrößerung des Tempels in Jerusalem.

Nach seinem Tod im Jahre 4 v. Chr. teilte Kaiser Augustus Herodes' Königreich unter dreien seiner Söhne auf. Judäa (mit Samarien) ging an Archelaus, Galiläa und Peräa gingen an Antipas und das Gebiet östlich und nordöstlich des Sees Genezareth an Philipp. Philipp und Antipas beherrschten ihre Gebiete viele Jahre lang, aber die Untergebenen des Archelaus fanden seine Herrschaft so streng, dass Augustus ihn im Jahre 6 n. Chr. absetzte und Judäa zur römischen Provinz machte.

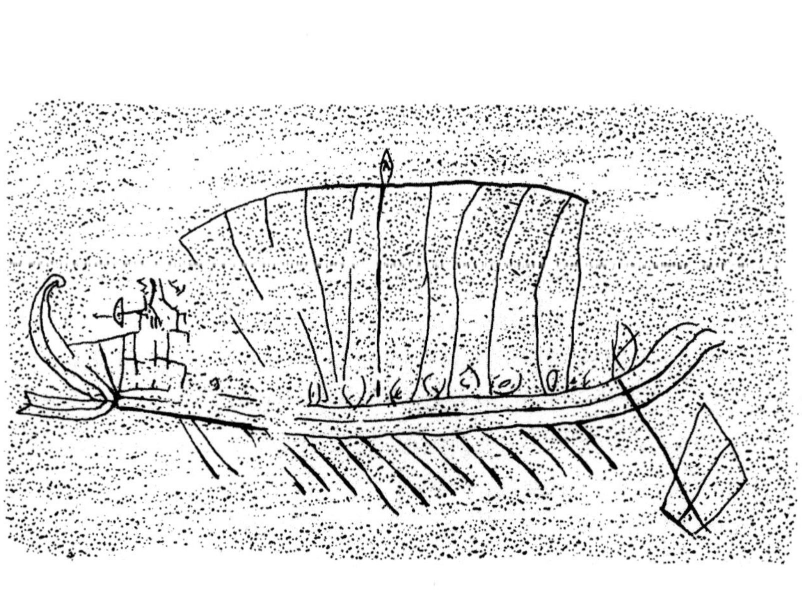

Kriegsschiff auf der Mauer von "Jasons Grabmal", Jerusalem

PALÄSTINA WÄHREND DER GRIECHISCH/RÖMISCHEN ZEIT
Sidon
Tyrus
Litani
Antiochia
Panias
198 v. Chr.
Damaskus
Hermon
PHÖNIZIEN
ITURÄA
Seleuzia
Rafana
Ptolemaïs
GALILÄA
Taricheä
See Genezareth
Hippos
Asochis
Sepphoris
Karmel
Geba
Philoteria
Jarmuk
Abila
Gadara
Tabor
Dora
Skythopolis
Stratonsturm
Pella
SAMARIEN
Jordan
Samaria
Gerasa
Sichem
Apollonia
Jabbok
Mittelmeer
Joppe
Pegae
Gedor
Lydda
Modëin
Philadelphia
Jamnia
147 v. Chr.
Bet-Horon
166 v. Chr.
Emmaus
Jericho
PERÄA
Aschdod
JUDÄA
Jerusalem
Kidron
Bethlehem
Medeba
Aschkelon
Bet-Sacharja
162 v. Chr.
Marisa
Bet-Zur
Anthedon
Hebron
Gaza
Totes Meer
Arnon
IDUMÄA
Rafia
217 v. Chr.
Beerscheba
Rhinokolura
Elusa
Zoar
NABATÄER
Münzen der Hasmonäer
JERUSALEM
(frühes 1. Jh. v. Chr.)
Tempel
Hasmonäer-Palast
BURG
OFEL
Agora
Tyropöon-Tal
OBERE STADT
UNTERE STADT
Kidron-Tal
Hinnom-Tal
0 100 200 300 engl Yards
0 100 200 m
Königreich unter Simon Makkabäus 143-135 v. Chr.
Ausweitung durch Joh. Hyrkanus 135-104 v. Chr.
Ausweitung durch Judas Aristobulus, 104-103 v. Chr.
Ausweitung durch Alexander Jannäus 103-76 v. Chr.
Hellenistische Stadt
Ptolemaïs Stadt von Bedeutung
0 10 20 30 40 Meilen
0 20 40 60 km

Es gibt nur wenige faszinierendere Geschichten als die Entwicklung von Bergsiedlungen auf dem linken Ufer des Tibers, ca. 25 Kilometer von seiner Mündung entfernt, zu einer Stadt, die langsam ihre unmittelbaren Nachbarn beherrschte, danach die Herrin Italiens wurde, einen fast verhängnisvollen Konflikt mit Carthago überlebte, in die Angelegenheiten Griechenlands, Kleinasiens, Syriens und Ägyptens hineingezogen wurde und Mitte des ersten Jahrhunderts v. Chr. die mediterrane Welt beherrschte.

Die Römer tauchen in der biblischen Geschichte Anfang des zweiten Jahrhunderts v. Chr. auf. Im Jahre 196 v. Chr. erklärte Flaminius im Auftrag des Senats die Freiheit aller Griechenstädte. Und als der Seleukidenkönig Antiochus III. sechs Jahre später in Griechenland einfiel, verjagten sie ihn und folgten ihm bis zu seinem eigenen Königreich, wo er durch einen römischen Feldherrn im Kampf bei Magnesia eine schwere Niederlage erlitt (190 v. Chr.). Dieser Feldherr, Scipio Asiaticus, erscheint in Daniel 11,18 als der "Mächtige", der den "Schmähungen" Antiochus' ein Ende setzte. In den Rivalitäten zwischen den Ptolemäern und den Seleukiden stand Rom von da an auf der Seite der Ptolemäer. Als Judas Makkabäus und seine Brüder im Jahre 167 v. Chr. und in den folgenden Jahren gegen die Seleukiden revoltierten, wurden sie von den Römern unterstützt.

Im Jahre 133 v. Chr. vermachte der letzte König von Pergamon sein Königreich, das den größten Teil des westlichen Kleinasiens einnahm, dem römischen Staat. Es wurde die römische Provinz Asia. Im Jahre 88 v. Chr. vertrieb der König

Römische Infanterie

Römisches Kriegsschiff

Eroberte Tempelgefäße; Titusbogen in Rom

von Pontus (an der südlichen Küste des Schwarzen Meers gelegen) die Römer zeitweise aus Asia, aber er verstrickte sich in einen Krieg mit ihnen, der fünfundzwanzig Jahre später mit seinem Fall endete. Im Jahre 63 v. Chr. fühlten sich die Römer gezwungen, das ganze westliche Asia neu zu organisieren. Syrien wurde als römische Provinz errichtet; Judäa, ebenfalls von Rom unterworfen, wurde aber mehrere Jahrzehnte lang weiterhin von jüdischen Herrschern regiert, ganz besonders von Herodes dem Großen (37–4 v. Chr.) und seinen Nachkommen.

Nach jahrzehntelangen Bürgerkriegen in Rom besiegte Octavian (der adoptierte Sohn Julius Caesars), der den Titel Augustus erhielt, die letzten seiner Feinde im Jahre 31 v. Chr. und festigte schnell seine Herrschaft über das Römische Reich. Er organisierte das Reich vom englischen Kanal bis zum Euphrat und regelte die Verteidigung seines Reiches. Diejenigen Provinzen, die ein stehendes Heer benötigten, wurden von Legaten, die direkt von ihm ernannt wurden, befehligt—wie Quirinus in Syrien (Lukas 2,2). Augustus war der Oberbefehlshaber des römischen Heers. Die friedlichen Provinzen wurden von Prokonsuln, die vom römischen Senat ernannt wurden, regiert—wie Sergius Paulus in Zypern (Apostelgeschichte 13,7) und Gallio in Achaja (Apostelgeschichte 18,12). Das Reich war so gut organisiert, dass es Schwächeperioden und innere Streitigkeiten, wie die Ermordung des Kaisers Gajus (41 n. Chr.) oder den Aufstieg und Fall dreier kurzlebiger Kaiser zwischen dem Tod Neros und der Thronbesteigung Vespasians (68–69 n. Chr.) überlebte.

Jesus wurde in Bethlehem in Judäa, ca. zehn Kilometer südlich Jerusalems, kurz vor dem Tod des Herodes geboren, aber er verbrachte den größten Teil seines Lebens in Galiläa. Er wuchs in Nazareth auf. Das liegt ca. sieben Kilometer südlich von Sepphoris und war bis zum Jahre 20 n. Chr. die Residenz von Herodes Antipas, dem Herrscher Galiläas. Später baute sich Antipas selbst eine neue Hauptstadt in Tiberias, an der südwestlichen Küste des Sees Genezareth.

Die traditionellen Stätten der Taufe Jesu im Jordan und seiner Versuchung in der Wüste liegen in der Nähe Jerichos. Als er öffentlich zu wirken begann, wohnte er in Kapernaum, einem galiläischen Fischerdorf an der nordwestlichen Küste des Sees. Andere Städte, die in den Berichten über sein Wirken in Galiläa auftauchen, sind Kana, Nain, Chorazin und Betsaida (das östlich des Ortes gelegen ist, wo der Jordan vom Norden in den See Genezareth eintritt). Als Herodes Antipas, nach der Hinrichtung von Johannes dem Täufer, auch Jesus töten wollte, war es leicht für sie, über den See zu segeln und in dem Herrschaftsgebiet seines Bruders Philippus Zuflucht zu finden. Dort fand die Speisung der Fünftausend und die Heilung des besessenen Gadareners durch Jesus statt. Ebenfalls im Herrschaftsgebiet des Philippus in der Nähe seiner Hauptstadt Caesarea Philippi (dem modernen Banyas) bekannte Petrus, dass Jesus der Messias ist — ein Höhe- und Wendepunkt in den Evangelien.

Jesus besuchte Judäa einige Male und der direkte Weg nach Judäa führte durch Samarien. Sein bekanntestes Erlebnis in Samarien war die Begegnung mit der Frau aus Sychar an der Quelle Jakobs, einer Quelle, deren frisches Wasser bis heute genossen werden kann (Johannes 4,4–42).

Als Jesus Judäa besuchte, befand er sich in einer römischen Provinz, die von dem Statthalter Pontius Pilatus (von 26 n. Chr. bis 36. n. Chr.) regiert wurde. Im Jahre 1961 wurde eine beschädigte Inschrift, die dessen Namen trug, in Caesarea entdeckt. Bei seinem letzten Besuch ist Jesus anscheinend eher durch Transjordanien als durch Samarien gereist und überquerte den Jordan gegenüber von Jericho. Die Straße zwischen Jericho und Jerusalem war der Schauplatz des Gleichnisses vom barmherzigen Samariter. Weniger als drei Kilometer von Jerusalem entfernt liegt der Ort Betanien, wo Jesus auf die Gastfreundschaft seiner Freunde Martha, Maria und Lazarus zählen konnte.

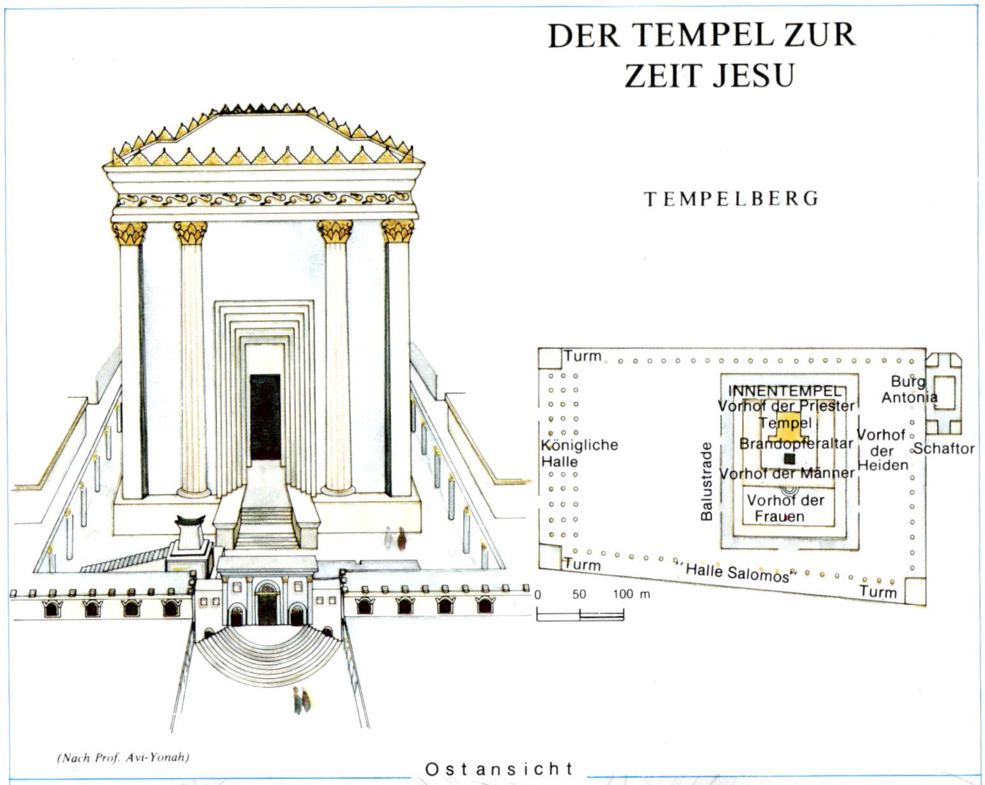

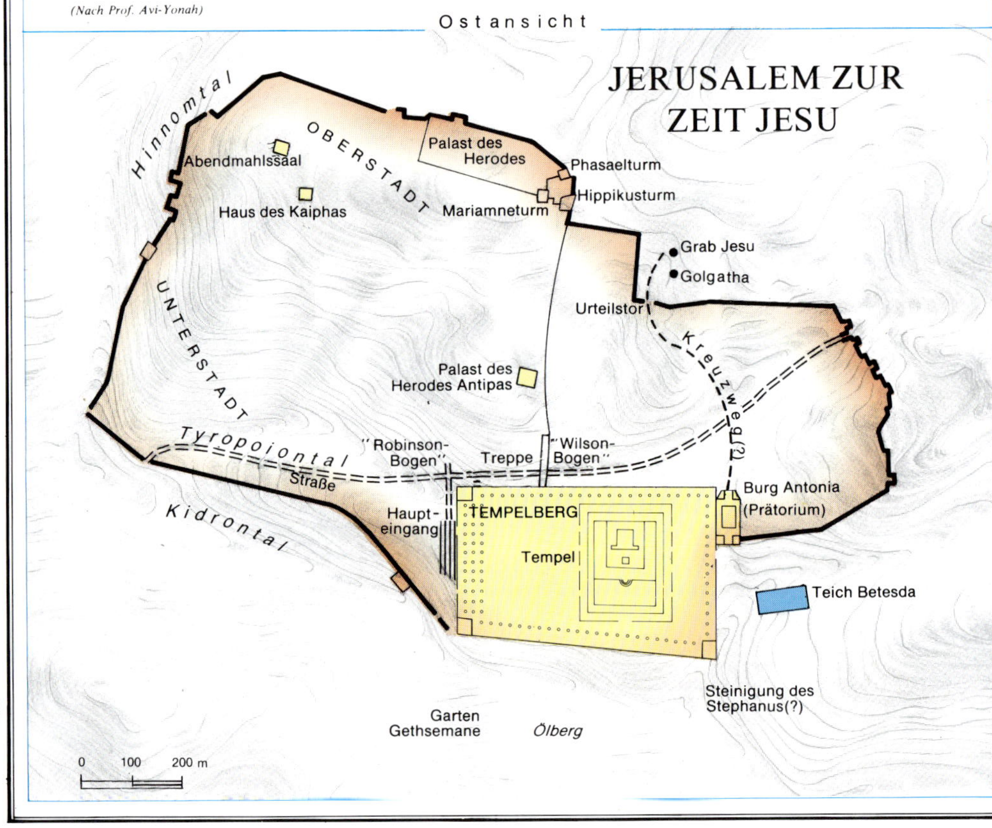

Pontius Pilatus verurteilte Jesus zur Todesstrafe durch Kreuzigung. Die "Via Dolorosa" in Jerusalem markiert den kurzen Zug Jesu von Pilatus' Urteilshalle (möglicherweise in der Antonia-Festung) bis nach Golgatha. Golgatha liegt neben der Hauptstraße kurz hinter einem Tor in der (zweiten) Nordmauer der Stadt. An diesem Ort wurde die Grabeskirche errichtet—an der Stelle, an der am dritten Tag nach Jesu Tod entdeckt worden war, dass sein Grab leer war. Nach seiner Auferstehung erschien er seinen Jüngern an verschiedenen Orten in Judäa und Galiläa. Nach der Überlieferung fuhr er an einem Ort auf dem Ölberg, der Viri Galilaei genannt wurde, in den Himmel.

Antikes Boot (das "Boot Jesu") aus dem See Genezareth

Inschrift von Pontius Pilatus

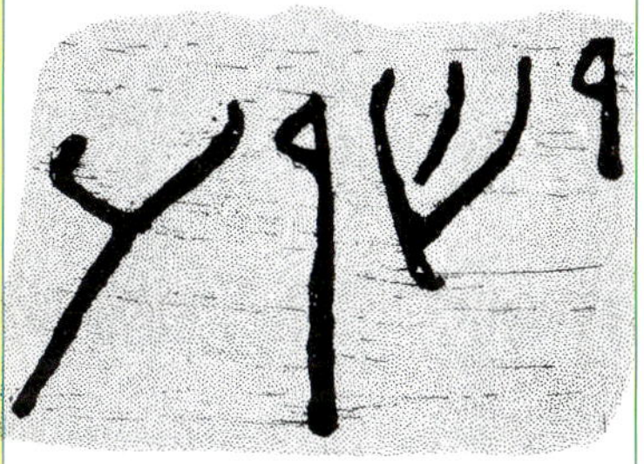

"Jesus" in Hebräisch auf einem Ossarium (Beinhaus) geschrieben

DAS QUMRAN DER ESSENER

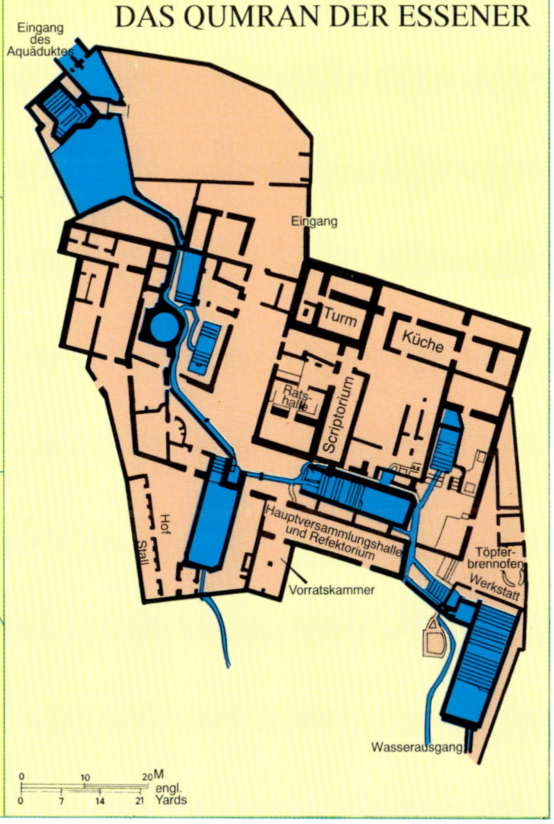

Römisches Theater, Cäsarea

Sidonisches Handelsschiff, 2.–3. Jahrhundert n. Chr.

Die Landkarte illustriert die Erzählungen der Apostelgeschichte 1–12, die eine Zeitspanne von 15 oder 16 Jahren nach dem Tod und der Auferstehung Jesu (30 n. Chr.) umfassen. Am Anfang befand sich der größte Teil der Jünger Jesu in der Gemeinde von Jerusalem, obwohl es auch anderswo Jünger gab, besonders in Galiläa und sogar so weit nördlich wie in Damaskus. Ungefähr im Jahre 33 n. Chr. jedoch kam es zur Unterdrückung der hellenistischen (griechisch sprechenden) Mitglieder der Gemeinde in Jerusalem, weil deren Ansichten die Heiligkeit des Tempels zu gefährden schienen. Sie wurden gezwungen, Jerusalem zu verlassen und zerstreuten sich in alle Richtungen. Einige zogen südwärts, überquerten wahrscheinlich schnell die ägyptische Grenze und brachten die frohe Botschaft nach Alexandria und weiter westwärts nach Kyrene. Aber davon existieren keine Quellen.

Wir sind ausführlicher über andere Jünger, die das Evangelium predigten und christliche Gemeinden in der Scharon-Ebene und entlang der Mittelmeerküste von Gaza bis nach Cäsarea gründeten, informiert. Weitere Jünger evangelisierten die Städte weiter im Norden, einschließlich der Seehäfen von Phönizien (Libanon). Die Reihen der Jünger in Damaskus wurden durch Flüchtlinge aus Jerusalem verstärkt. Während der Verfolgung dieser Flüchtlinge bekehrte sich Saulus aus Tarsus (Paulus der Apostel) zu Christus. Nach einer kurzen Mission östlich und südlich von Damaskus besuchte er die Leiter der Jerusalemer Gemeinde und kehrte dann in seine Heimatstadt Tarsus zurück.

In der Zwischenzeit setzten die Hellenisten, die das Evangelium in die phönizischen Städte brachten, ihre Reise nordwärts bis nach Antiochia im Norden Syriens fort. Dort wurde zum ersten Mal das Evangelium den heidnischen Griechen gepredigt. Viele dieser Griechen akzeptierten den neuen Glauben und wurden in eine hauptsächlich nichtjüdische Gemeinde aufgenommen. Die Apostel in Jerusalem sandten Barnabas, um der rasch wachsenden Gemeinde in Antiochia zu helfen. Er wiederum holte Paulus aus Tarsus als Mitarbeiter für diese Aufgabe. Ungefähr 46 n. Chr. wurden die Bekehrten in Antiochia durch Nachrichten über eine schwere Hungersnot und Nahrungsmittelknappheit in Judäa dazu bewogen, Geld zur Unterstützung ihrer christlichen Geschwister in Jerusalem zu senden. Diese frühe gegenseitige Hilfe der Gemeinden wurde zum Vorbild.

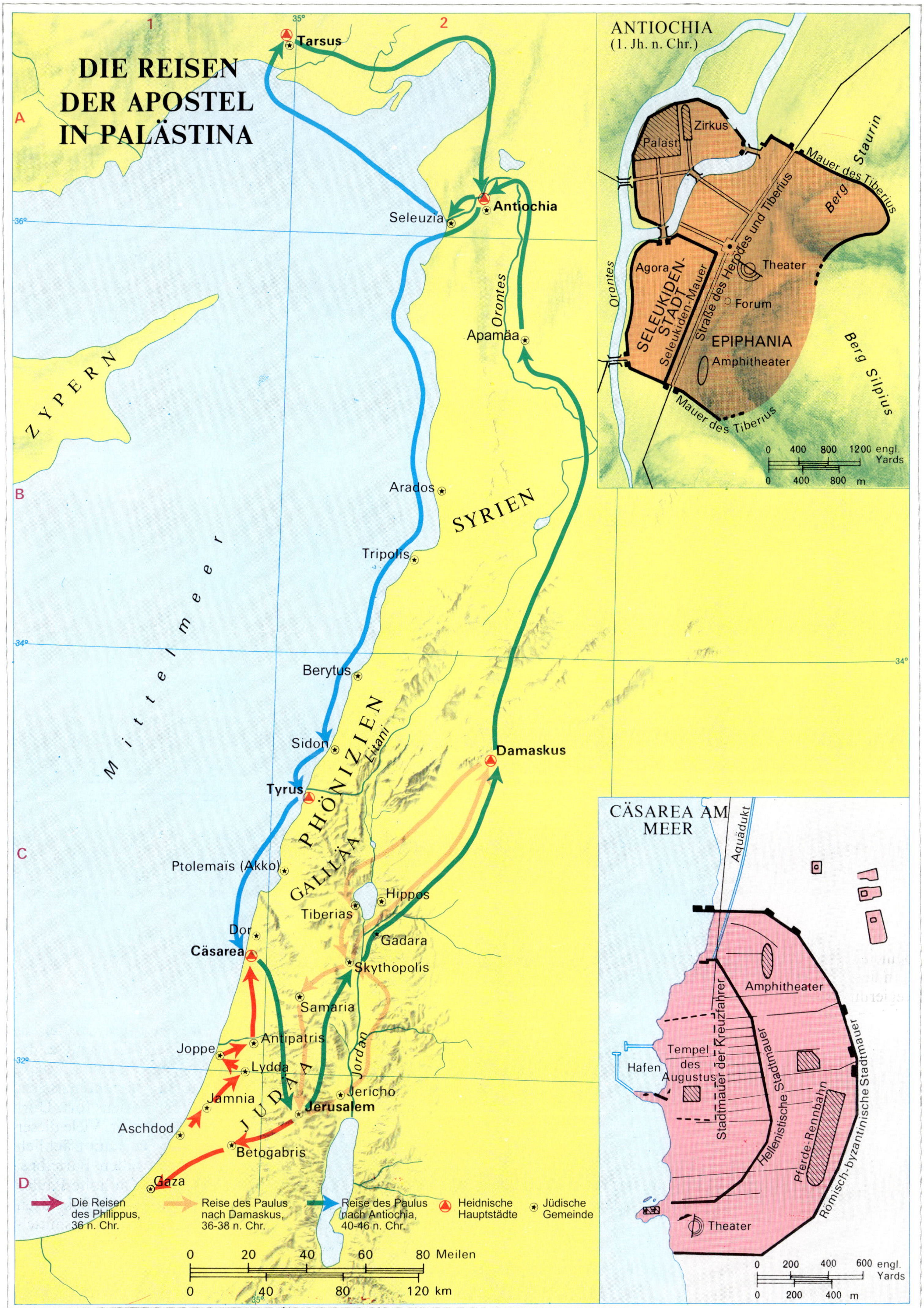
DIE REISEN DER APOSTEL IN PALÄSTINA
Tarsus
Antiochia
Seleuzia
Apamäa
Orontes
Arados
Tripolis
SYRIEN
ZYPERN
Mittelmeer
Berytus
Sidon
Tyrus
Litani
PHÖNIZIEN
Damaskus
Ptolemaïs (Akko)
GALILÄA
Hippos
Tiberias
Dor
Cäsarea
Gadara
Skythopolis
Samaria
Antipatris
Joppe
Lydda
Jamnia
Jordan
Jericho
JUDÄA
Jerusalem
Aschdod
Betogabris
Gaza
Die Reisen des Philippus, 36 n. Chr.
Reise des Paulus nach Damaskus, 36-38 n. Chr.
Reise des Paulus nach Antiochia, 40-46 n. Chr.
Heidnische Hauptstädte
Jüdische Gemeinde
0 20 40 60 80 Meilen
0 40 80 120 km
ANTIOCHIA
(1. Jh. n. Chr.)
Zirkus
Palast
Staurin
Mauer des Tiberius
Berg
Straße des Herodes und Tiberius
Theater
Agora
SELEUKIDEN-STADT
Seleukiden-Mauer
Forum
EPIPHANIA
Amphitheater
Orontes
Berg Silpius
Mauer des Tiberius
0 400 800 1200 engl. Yards
0 400 800 m
CÄSAREA AM MEER
Aquädukt
Amphitheater
Stadtmauer der Kreuzfahrer
Tempel des Augustus
Hafen
Hellenistische Stadtmauer
Pferde-Rennbahn
Römisch-byzantinische Stadtmauer
Theater
0 200 400 600 engl. Yards
0 200 400 m

Ungefähr im Jahre 46 oder 47 n. Chr. gab die Gemeinde von Antiochia Barnabas und Paulus für die Missionsarbeit in Zypern und Kleinasien frei. Die Gemeinden von Süd-Galatien im pisidischen Antiochia, Ikonion, Lystra und Derbe wurden in dieser Zeit gegründet.

Die steigende Zahl von Nichtjuden in der Gemeinde wurde von einigen jüdischen Christen als Bedrohung angesehen und es wurde eine Versammlung in Jerusalem einberufen, um zu überlegen, ob spezielle Bedingungen für die Aufnahme von Nichtjuden festgelegt werden sollten. Es wurde entschieden, dass sie unter den selben Bedingungen wie jüdische Gläubige aufgenommen werden sollten, aber sie wurden dazu gedrängt, bestimmte Speiseeinschränkungen und Verhaltensregeln einzuhalten, die es den jüdischen Christen erleichtern sollten, soziale Beziehungen zu ihnen aufzubauen (zum Beispiel an dem selben Tisch zu essen).

Paulus reiste auf seiner zweiten Missionsreise nach Mazedonien und Achaja (Griechenland) und gründete die Gemeinden in Philippi, Thessalonich, Beröa und Korinth. Dann zog er nach Ephesus. Er blieb fast drei Jahre in dieser Stadt (52–55 n. Chr.) und er und seine Mitarbeiter verkündeten der ganzen Provinz Asia das Evangelium und gründeten Gemeinden in allen großen Städten. Danach besuchte Paulus noch einmal kurz Mazedonien und Achaja und segelte dann nach Judäa. Er wurde von einigen nichtjüdischen Christen begleitet, die Geld von ihren jeweiligen Gemeinden als Geschenk für die Gemeinde Jerusalems mitführten.

In Jerusalem wurde Paulus in einen Aufstand verwickelt und von der römischen Regierung verhaftet. Man brachte ihn nach Rom, damit der Kaiser seinen Fall anhören konnte. Seine Reise dorthin wurde durch einen Sturm mit darauf folgendem Schiffbruch bei Malta unterbrochen. Er verbrachte dort die Wintermonate des Jahres 59–60 n. Chr. In Rom blieb er zwei Jahre unter Hausarrest und wartete auf seine Gerichtsverhandlung. Seine Anwesenheit förderte die Verbreitung des Evangeliums in der Hauptstadt. Seine Hinrichtung geschah wahrscheinlich im Zuge der Christenverfolgung, die nach dem großen Feuer von Rom (64 n. Chr.) begann.

Während Paulus' Leben und Wirken fast vollständig im Neuen Testament dokumentiert ist, gab es andere missionarische Unternehmungen sowohl unter Juden als auch Nichtjuden, über deren Verlauf wir nur Vermutungen anstellen können. Das Evangelium zum Beispiel erreichte Rom lange, bevor ein Apostel die Stadt besuchte. Die oben gezeigte Karte beschreibt die Ausbreitung des christlichen Glaubens in Mesopotamien und im Iran, die in dieser Zeit zu dem Parthischen Reich gehörten. Zwischen 170 und 180 gab es christliche Gemeinden in und um Carthago und auch in Lyon und Vienna im Rhone-Tal, das von der Provinz Asien aus evangelisiert worden war.

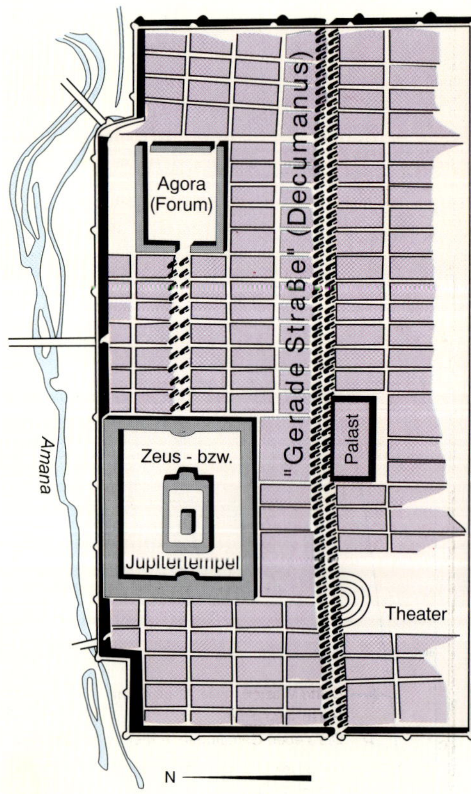

Damaskus zur Zeit des Paulus

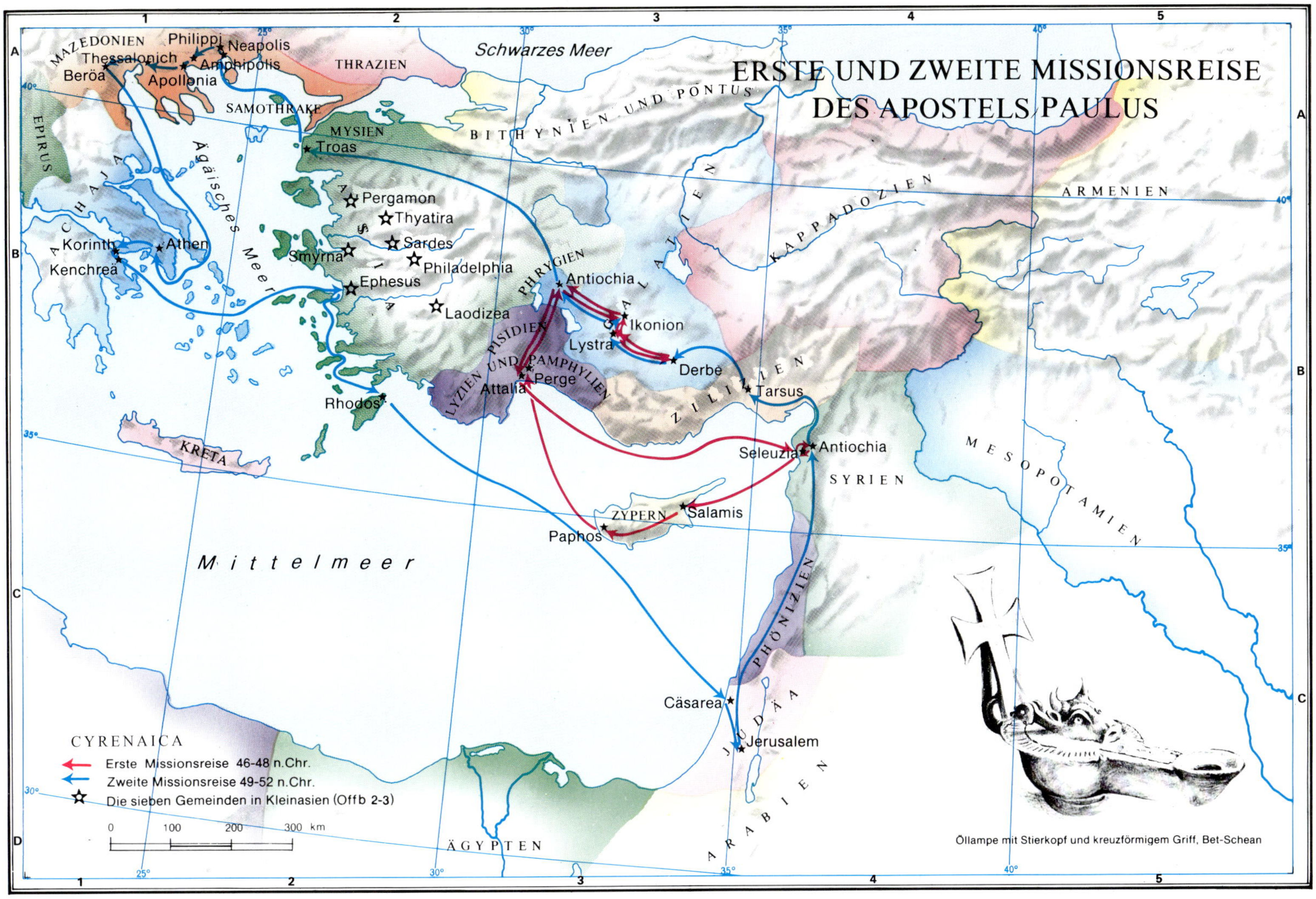
ERSTE UND ZWEITE MISSIONSREISE DES APOSTELS PAULUS
Schwarzes Meer
MAZEDONIEN
Philippi
Neapolis
Thessalonich
Amphipolis
Beröa
Apollonia
THRAZIEN
SAMOTHRAKE
EPIRUS
ACHAJA
Ägäisches Meer
MYSIEN
Troas
BITHYNIEN UND PONTUS
GALATIEN
KAPPADOZIEN
ARMENIEN
Pergamon
Thyatira
Sardes
Philadelphia
Smyrna
ASIA
Korinth
Athen
Kenchrea
Ephesus
Laodizea
PHRYGIEN
Antiochia
Ikonion
Lystra
Derbe
PISIDIEN
LYZIEN UND PAMPHYLIEN
Attalia
Perge
ZILIZIEN
Tarsus
Rhodos
KRETA
Seleuzia
Antiochia
SYRIEN
MESOPOTAMIEN
ZYPERN
Salamis
Paphos
Mittelmeer
PHÖNIZIEN
Cäsarea
JUDÄA
Jerusalem
ARABIEN
CYRENAICA
ÄGYPTEN
Erste Missionsreise 46-48 n.Chr.
Zweite Missionsreise 49-52 n.Chr.
Die sieben Gemeinden in Kleinasien (Offb 2-3)
0 100 200 300 km
Öllampe mit Stierkopf und kreuzförmigem Griff, Bet-Schean

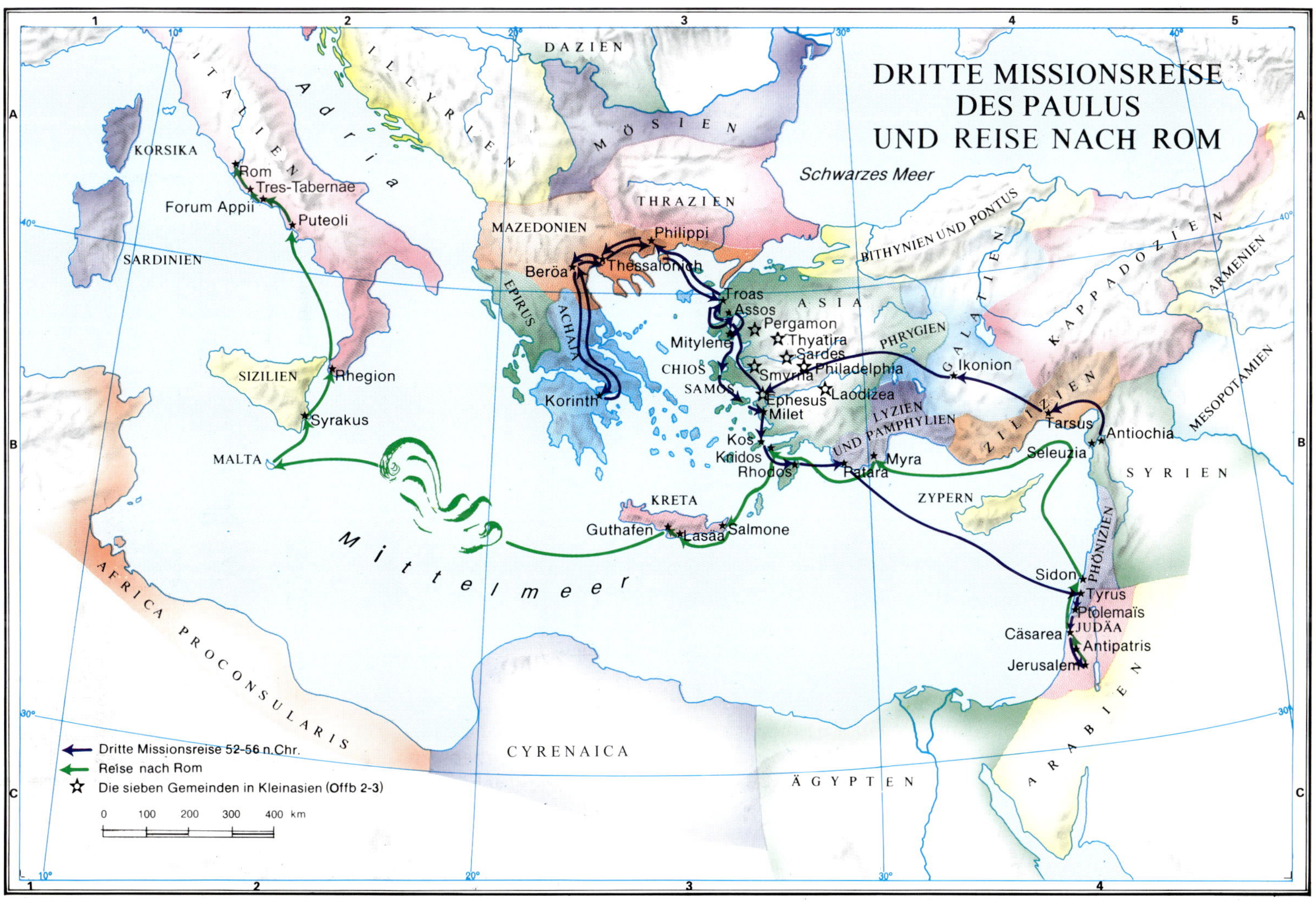
DRITTE MISSIONSREISE DES PAULUS UND REISE NACH ROM
DAZIEN
ILLYRIEN
MÖSIEN
ITALIEN
Adria
KORSIKA
SARDINIEN
Rom
Tres-Tabernae
Forum Appii
Puteoli
THRAZIEN
Schwarzes Meer
MAZEDONIEN
Philippi
Beröa
Thessalonich
EPIRUS
ACHAJA
BITHYNIEN UND PONTUS
GALATIEN
KAPPADOZIEN
ARMENIEN
Troas
Assos
ASIA
Pergamon
Thyatira
Sardes
Mitylene
PHRYGIEN
CHIOS
Smyrna
Philadelphia
Ikonion
SAMOS
Ephesus
Laodizea
Milet
LYZIEN UND PAMPHYLIEN
ZILIZIEN
Tarsus
Antiochia
MESOPOTAMIEN
SIZILIEN
Rhegion
Syrakus
Kos
Knidos
Rhodos
Patara
Myra
Seleuzia
SYRIEN
MALTA
KRETA
ZYPERN
Guthafen
Lasäa
Salmone
Mittelmeer
Sidon
PHÖNIZIEN
Tyrus
Ptolemaïs
JUDÄA
Cäsarea
Antipatris
Jerusalem
AFRICA PROCONSULARIS
CYRENAICA
ÄGYPTEN
ARABIEN
Dritte Missionsreise 52-56 n.Chr.
Reise nach Rom
Die sieben Gemeinden in Kleinasien (Offb 2-3)
0 100 200 300 400 km

Hagia Sophia, Konstantinopel

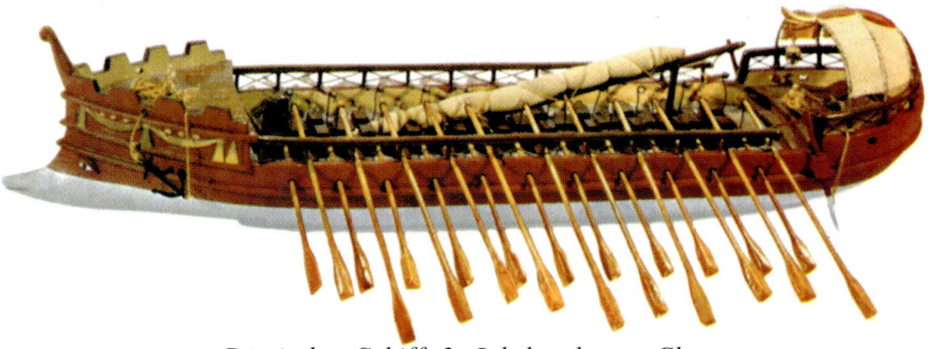

Römisches Schiff, 2. Jahrhundert n. Chr.

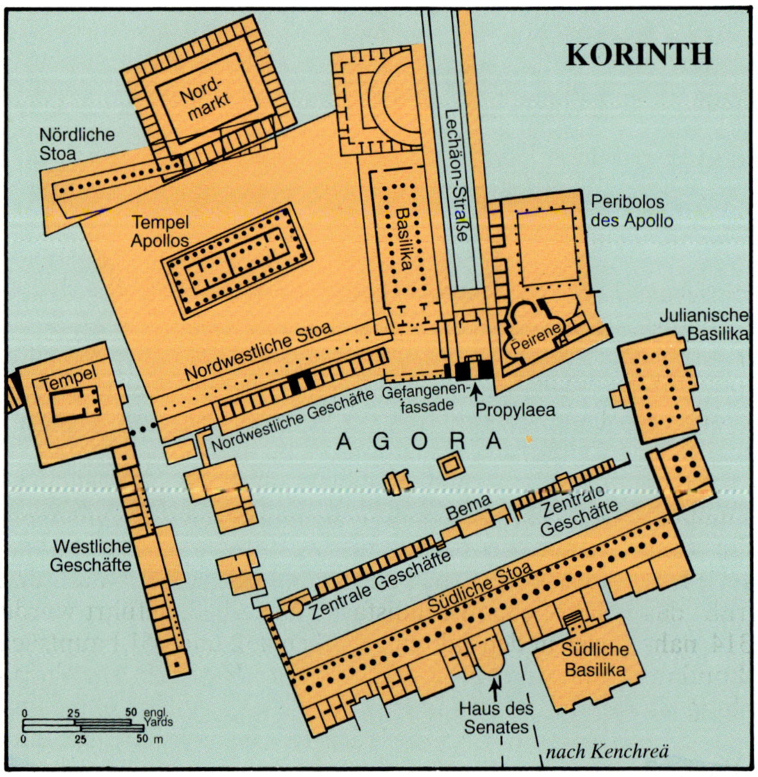

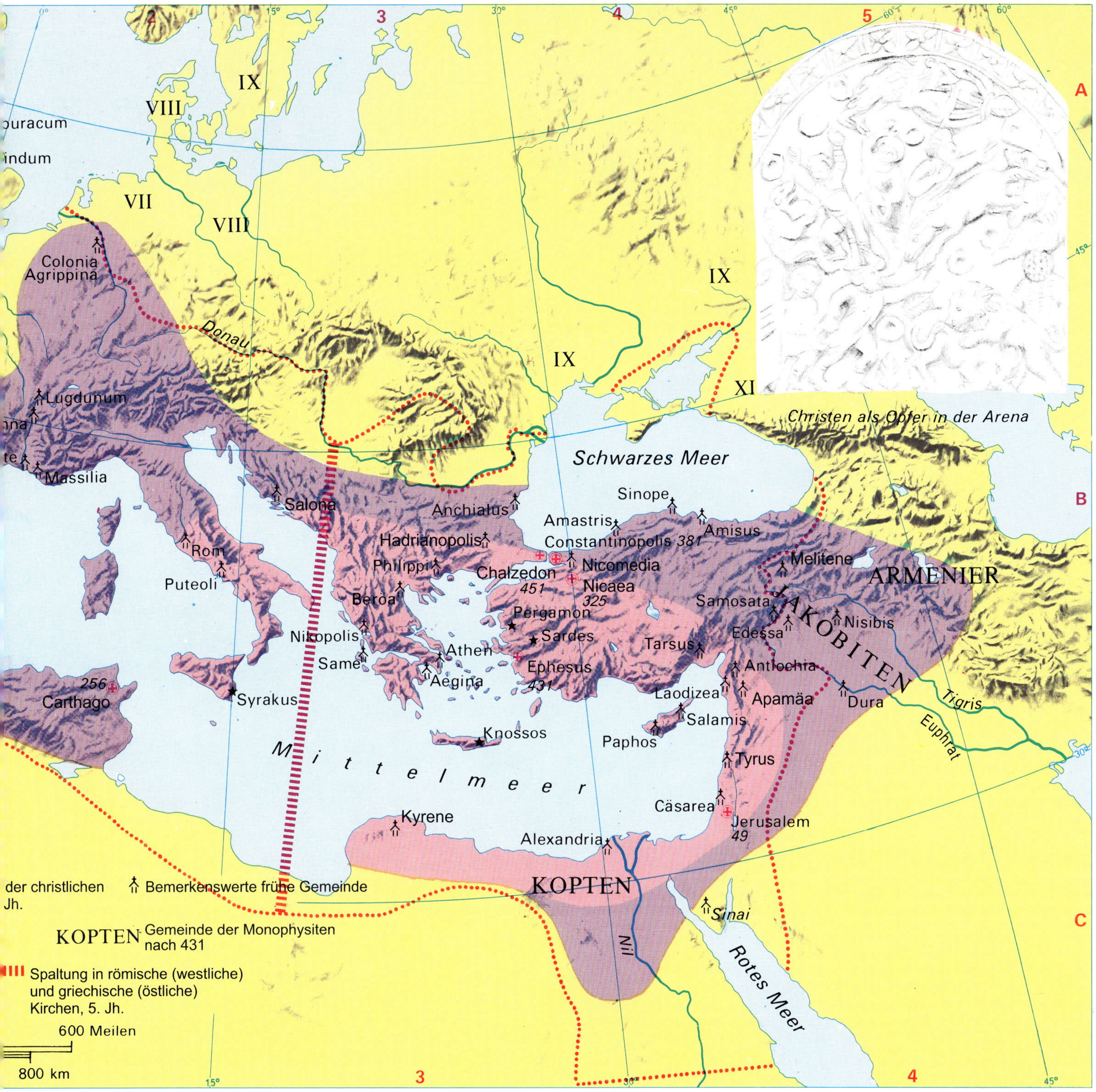

Während der Zeit, die in dieser Karte beschrieben wird, verbreitete sich der christliche Glaube nicht nur in den gezeigten Gebieten, sondern er wurde auch von verschiedenen Staaten anerkannt, einschließlich Edessa (modernes Urfa), östlich des oberen Euphrat (kurz nach 200 n. Chr.) und Armenien (ca. 300 n. Chr.). Das Römische Reich erlaubte den Christen erstmals die freie Ausübung ihrer Religion im Jahre 313 n. Chr. (unter Konstantin) und der christliche Glaube (das orthodoxe Christentum) wurde unter Theodosius (381 n. Chr.) Staatsreligion. Es ist unbekannt, wie früh das Evangelium Britannien erreichte, aber im Jahre 314 nahmen bereits drei britische Bischöfe (diejenigen von London, Lincoln und York) an einer Kirchenversammlung in Arelate (Arles) im Süden Frankreichs teil.

Die syrisch sprechenden Gemeinden östlich des Euphrat verschoben die Grenzen des christlichen Glaubens den Persischen Golf entlang bis zu der Küste Indiens und über das Land durch Zentralasien, bis er nach China eindrang.

Als Britannien von Barbaren vom Kontinent erobert und besetzt wurde (vom Jahre 450 n. Chr. an), mussten diese im Gegenzug evangelisiert werden. Ihre Evangelisierung wurde durch zwei Missionen ausgeführt: einer römischen Mission im Süden, die von Augustine von Canterbury geführt wurde (der im Jahre 597 ankam) und einer irischen Mission im Norden, die von Aidan, der aus Iona kam und sich im Jahre 635 in Lindisfarne niederließ, geführt wurde. (Irland war in den Jahren zwischen 432 und 461 hauptsächlich von Patrick evangelisiert worden; Iona war ein Vorposten des irischen Christentums.) Das Evangelium wurde vom christianisierten England nach Friesland und in das nordwestliche Deutschland gebracht.

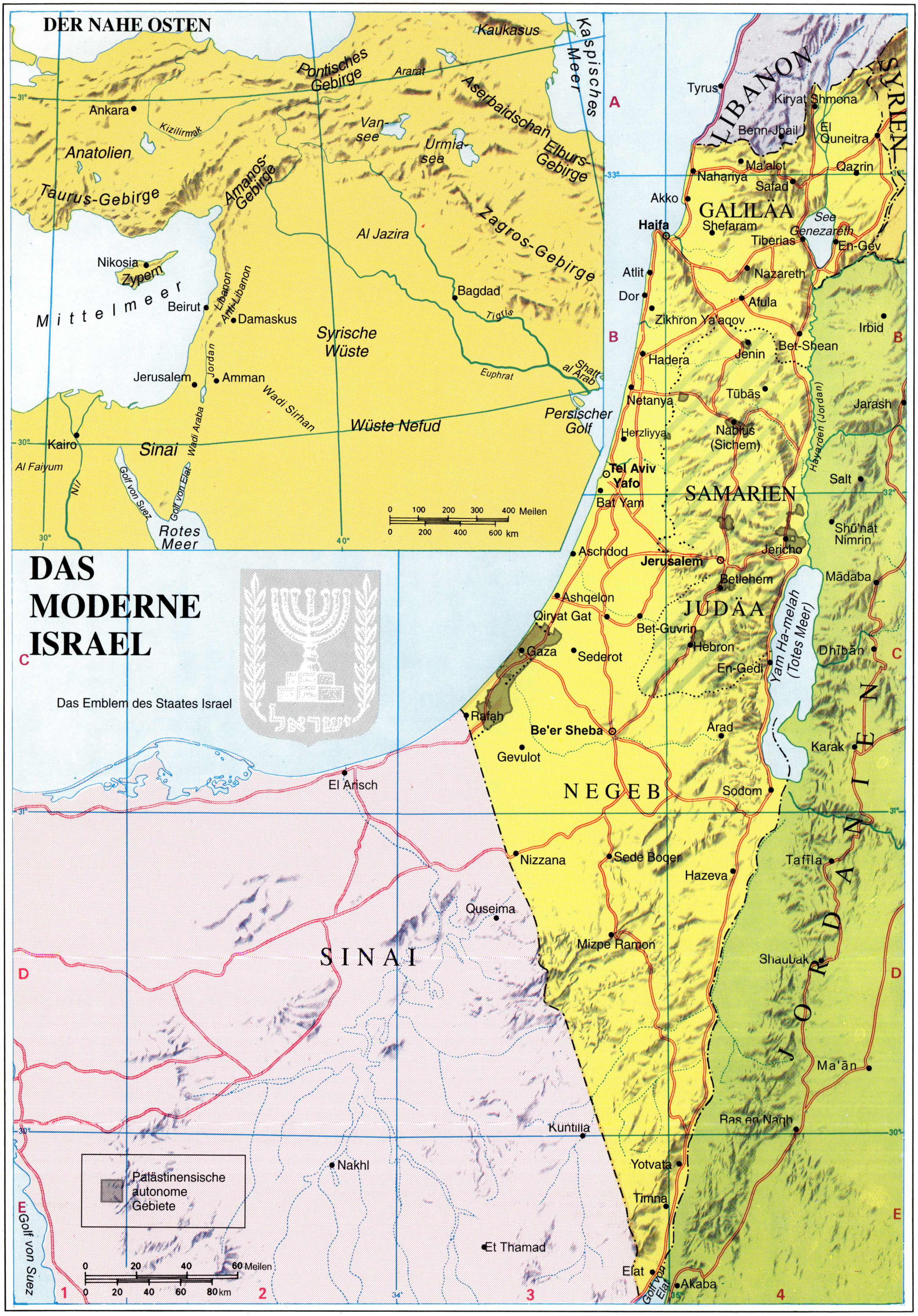
DER NAHE OSTEN
Kaukasus
Kaspisches Meer
Pontisches Gebirge
Ararat
Aserbaidschan
Elburs-Gebirge
Ankara
Kizilirmak
Van-see
Urmia-see
Anatolien
Taurus-Gebirge
Amanos-Gebirge
Al Jazira
Zagros-Gebirge
Nikosia
Zypern
Mittelmeer
Beirut
Libanon
Anti-Libanon
Damaskus
Bagdad
Tigris
Syrische Wüste
Jerusalem
Amman
Jordan
Euphrat
Shatt al Arab
Wadi Sirhan
Wadi Araba
Persischer Golf
Kairo
Sinai
Wüste Nefud
Al Faiyum
Nil
Golf von Suez
Golf von Elat
Rotes Meer
0 100 200 300 400 Meilen
0 200 400 600 km
DAS MODERNE ISRAEL
Das Emblem des Staates Israel
Tyrus
LIBANON
SYRIEN
Kiryat Shmona
Benn-Jbail
El Quneitra
Ma'alot
Nahariya
Qazrin
Safad
Akko
GALILÄA
Haifa
Shefaram
See Genezareth
Tiberias
En-Gev
Atlit
Nazareth
Dor
Afula
Irbid
Zikhron Ya'aqov
Jenin
Bet-Shean
Hadera
Tūbās
Netanya
Jarash
Herzliyya
Nablus (Sichem)
Hayarden (Jordan)
Tel Aviv
Yafo
Salt
Bat Yam
SAMARIEN
Shū'nat Nimrin
Aschdod
Jericho
Jerusalem
Betlehem
Mādaba
Ashqelon
Qiryat Gat
JUDÄA
Bet-Guvrin
Hebron
Dhībān
Gaza
Sederot
En-Gedi
Yam Ha-melah (Totes Meer)
Rafah
Be'er Sheba
Arad
Gevulot
Karak
El Arisch
NEGEB
Sodom
Nizzana
Sede Boqer
Tafila
Hazeva
Quseima
SINAI
Mizpe Ramon
Shaubak
JORDANIEN
Ma'ān
Ras en Naqb
Kuntilla
Nakhl
Yotvata
Palästinensische autonome Gebiete
Timna
Et Thamad
Elat
Akaba
Golf von Elat
Golf von Suez
0 20 40 60 Meilen
0 20 40 60 80 km
A
B
C
D
E
1
2
3
4

ARCHÄOLOGISCHE AUSGRABUNGEN UND RUINEN AUS DER ZEIT DES ALTEN UND NEUEN TESTAMENTS

1. Gräber aus der Zeit des zweiten Tempels
2. Königsgräber
3. Reste der (dritten) Stadtmauer
4. Gräber aus der Zeit des ersten Tempels
5. Gartengrab
6. Gräber aus der Zeit des ersten Tempels
7. Sanhedrin-Gräber
8. Mamilla-Teich
9. Herodianer-Familiengrab
10. Reste der (dritten) Stadtmauer
11. Mauer und Tor, Zeit des zweiten Tempels
12. Salomos Steinbrüche
13. Zedekiahöhle
14. Sitti Marjam-Teich
15. Schafteich
16. Straußteich
17. Gräber aus der Zeit des ersten Tempels
18. Ecce-Homo-Bogen
19. Gräber aus der Zeit des zweiten Tempels
20. Mauer aus der Zeit des zweiten Tempels
21. Mauer aus der Zeit des zweiten Tempels
22. Reste aus der Zeit des ersten Tempels
23. Reste der Mauer des zweiten Tempels
24. Heiliger Felsen
25. Hiskias Teich
26. Warren-Tor
27. Wilsonbogen
28. Reste der Tempelmauern
29. Huldator
30. Salomos Ställe
31. Griechischer Turm
32. Mauer und Tor, Zeit des zweiten Tempels
33. Gebäude, Zeit des ersten Tempels
34. Gebäude, Zeit des zweiten Tempels
35. Israelitischer Turm und Gebäude
36. Hiskias Mauer
37. Untere Wasserleitung
38. Gebäude und Teich
39. Robinsonbogen
40. Reste der Tempelmauern
41. Hippikusturm
42. Türme und Gebäude
43. Mauern aus der Zeit des zweiten Tempels
44. Gräber, Zeit des ersten Tempels
45. Haus des Kaiphas
46. Jasons Grab
47. Gräber des Absalom, Zacharias, Benei Hezir
48. Gräber der Propheten
49. Gihonquelle, Jebusitermauer
50. Reste der ersten Mauer
51. Grab der Tochter des Pharaos
52. Siloahteich
53. Zisternen, Zeit des zweiten Tempels
54. Gräber, Zeit des zweiten Tempels

ZEITTAFEL

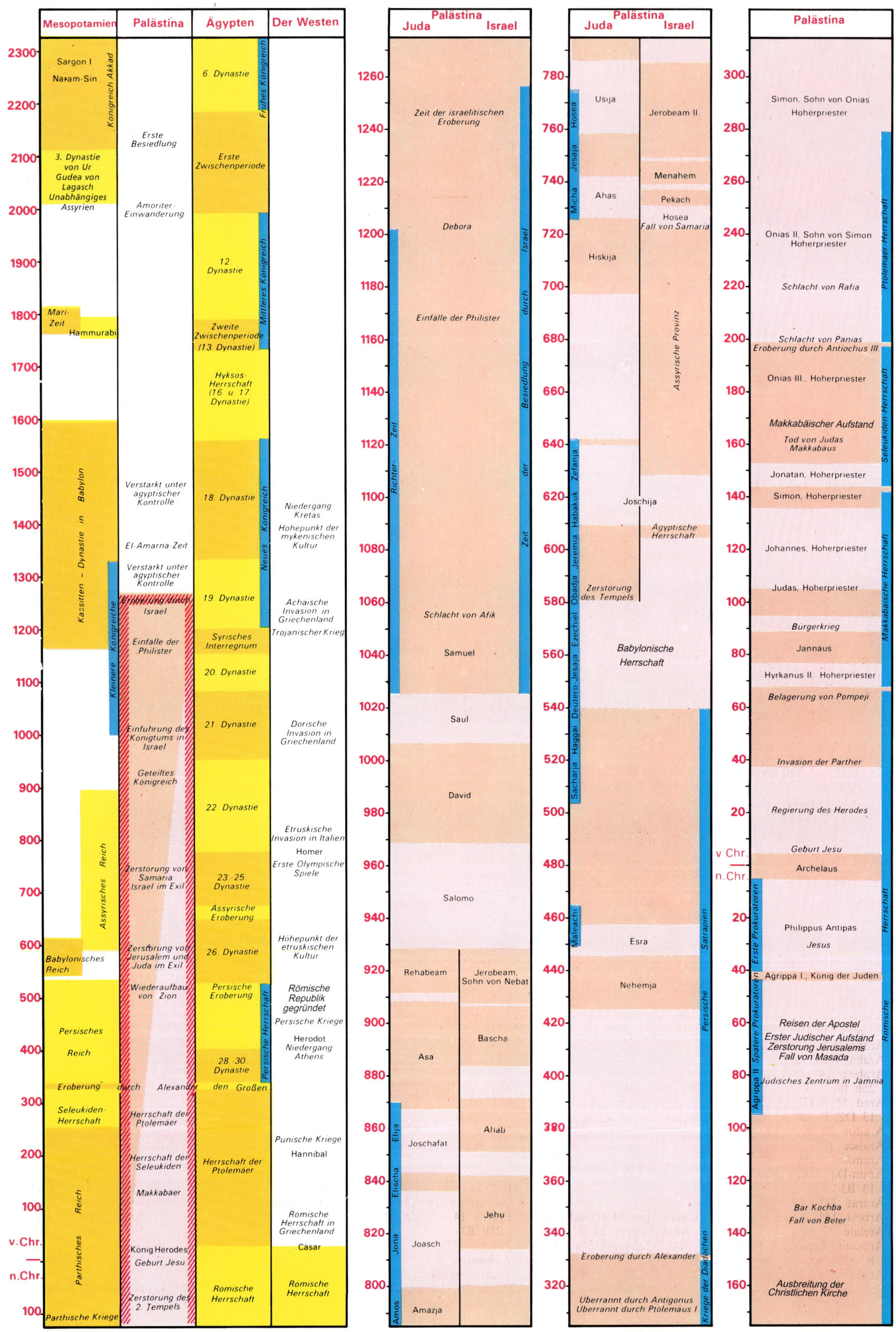

Mesopotamien
Palästina
Ägypten
Der Westen
2300
2200
2100
2000
1900
1800
1700
1600
1500
1400
1300
1200
1100
1000
900
800
700
600
500
400
300
200
100
v.Chr.
n.Chr.
100
Sargon I
Naram-Sin
Königreich Akkad
3. Dynastie von Ur
Gudea von Lagasch
Unabhängiges Assyrien
Mari-Zeit
Hammurabi
Kassitten - Dynastie in Babylon
Kleinere Königreiche
Assyrisches Reich
Babylonisches Reich
Persisches Reich
Eroberung durch Alexander den Großen
Seleukiden-Herrschaft
Parthisches Reich
Parthische Kriege
Erste Besiedlung
Amoriter-Einwanderung
Verstärkt unter ägyptischer Kontrolle
El-Amarna-Zeit
Verstärkt unter ägyptischer Kontrolle
Eroberung durch Israel
Einfälle der Philister
Einführung des Königtums in Israel
Geteiltes Königreich
Zerstörung von Samaria Israel im Exil
Zerstörung von Jerusalem und Juda im Exil
Wiederaufbau von Zion
Herrschaft der Ptolemäer
Herrschaft der Seleukiden
Makkabäer
König Herodes
Geburt Jesu
Zerstörung des 2. Tempels
6. Dynastie
Frühes Königreich
Erste Zwischenperiode
12. Dynastie
Mittleres Königreich
Zweite Zwischenperiode (13. Dynastie)
Hyksos-Herrschaft (16. u. 17. Dynastie)
18. Dynastie
Neues Königreich
19. Dynastie
Syrisches Interregnum
20. Dynastie
21. Dynastie
22. Dynastie
23.-25. Dynastie
Assyrische Eroberung
26. Dynastie
Persische Eroberung
Persische Herrschaft
28.-30. Dynastie
Herrschaft der Ptolemäer
Römische Herrschaft
Niedergang Kretas
Hohepunkt der mykenischen Kultur
Achäische Invasion in Griechenland
Trojanischer Krieg
Dorische Invasion in Griechenland
Etruskische Invasion in Italien
Homer
Erste Olympische Spiele
Höhepunkt der etruskischen Kultur
Römische Republik gegründet
Persische Kriege
Herodot
Niedergang Athens
Punische Kriege
Hannibal
Römische Herrschaft in Griechenland
Cäsar
Römische Herrschaft
Palästina
Juda
Israel
1260
1240
1220
1200
1180
1160
1140
1120
1100
1080
1060
1040
1020
1000
980
960
940
920
900
880
860
840
820
800
Zeit der israelitischen Eroberung
Debora
Einfälle der Philister
Schlacht von Afik
Samuel
Richter-Zeit
Zeit der Besiedlung durch Israel
Saul
David
Salomo
Rehabeam
Jerobeam, Sohn von Nebat
Asa
Bascha
Joschafat
Ahab
Elija
Elischa
Jehu
Jona
Joasch
Amos
Amazja
Palästina
Juda
Israel
780
760
740
720
700
680
660
640
620
600
580
560
540
520
500
480
460
440
420
400
380
360
340
320
Usija
Jerobeam II.
Hosea
Jesaja
Micha
Menahem
Ahas
Pekach
Hosea
Fall von Samaria
Hiskija
Assyrische Provinz
Zefanja
Habakuk
Jeremia
Obadja
Ezechiel
Deutero-Jesaja
Haggai
Sacharja
Joschija
Ägyptische Herrschaft
Zerstörung des Tempels
Babylonische Herrschaft
Maleachi
Esra
Nehemja
Persische Satrapien
Eroberung durch Alexander
Überrannt durch Antigonus
Überrannt durch Ptolemäus I
Kriege der Diadochen
Palästina
300
280
260
240
220
200
180
160
140
120
100
80
60
40
20
v.Chr.
n.Chr.
20
40
60
80
100
120
140
160
Simon, Sohn von Onias Hoherpriester
Onias II, Sohn von Simon Hoherpriester
Schlacht von Rafia
Ptolemäer-Herrschaft
Schlacht von Panias
Eroberung durch Antiochus III.
Onias III., Hoherpriester
Makkabäischer Aufstand
Tod von Judas Makkabäus
Seleukiden-Herrschaft
Jonatan, Hoherpriester
Simon, Hoherpriester
Johannes, Hoherpriester
Judas, Hoherpriester
Bürgerkrieg
Jannäus
Hyrkanus II. Hoherpriester
Makkabäische Herrschaft
Belagerung von Pompeji
Invasion der Parther
Regierung des Herodes
Geburt Jesu
Archelaus
Philippus Antipas
Jesus
Erste Prokuratoren
Agrippa I., König der Juden
Reisen der Apostel
Erster Jüdischer Aufstand
Zerstörung Jerusalems
Fall von Masada
Jüdisches Zentrum in Jamnia
Agrippa II
Spätere Prokuratoren
Römische Herrschaft
Bar Kochba
Fall von Beter
Ausbreitung der Christlichen Kirche

KARTENREGISTER

* = Nebenkarte